DOCUMENTS ALLEMANDS

RELATIFS A

l'Origine de la Guerre

COLLECTION COMPLÈTE DES DOCUMENTS OFFICIELS

Rassemblés avec quelques Compléments

PAR

KARL KAUTSKY

ET PUBLIÉS, A LA DEMANDE DU MINISTÈRE ALLEMAND DES AFFAIRES ÉTRANGÈRES,
APRÈS RÉVISION EN COMMUN AVEC KARL KAUTSKY

PAR

Le Comte Max MONTGELAS et le Professeur Walter SCHUCKING

Traduit par CAMILLE JORDAN

Ministre plenipotentiaire

TOME III

DE LA NOUVELLE
DE LA MOBILISATION GÉNÉRALE RUSSE
A LA DÉCLARATION DE GUERRE A LA FRANCE

PARIS

ANCIENNE LIBRAIRIE SCHLEICHER

ALFRED COSTES, ÉDITEUR

8, RUE MONSIEUR-LE-PRINCE, 8

1922

Tous droits réservés

ERRATA

P. 14, n° 494, note 3, lire : « le comte Moltke, ministre de Danemark » au lieu de : « le ministre de Danemark au comte Moltke ».

P. 19, n° 499, note 1, lire : « au Chancelier de l'Empire comme Ministre prussien », au lieu de : « au Chancelier de l'Empire et au Ministre prussien ».

P. 35, n° 523, lire : « De Belgrade on annonce par téléphone que » au lieu de : « De Belgrade on annonce que ».

P. 40, n° 527, ligne 1, lire : « Après que Sasonow m'eût formulé hier, par écrit, la », au lieu de : « Après que Sasonow m'eût formulé hier la ».

P. 46, n° 533, suscription, lire : « Le Consul général à Gênes », au lieu de : « Le Consulat général à Gênes ».

P. 48, n° 534, ligne 8, lire : « à faire preuve à temps d'un esprit de conciliation », au lieu de : « à faire preuve d'un esprit de conciliation ».

P 61, n° 548, lignes 6 et 7, lire : « et renoncera à toutes intentions » au lieu de : « et renoncera à tout espoir ».

P. 62, n° 550, ligne 1, lire : « il y a eu ici en fait », au lieu de : « il y a eu en fait ».

P. 67, n° 553, ligne 23, lire : « La réponse est venue à échéance aujourd'hui » au lieu de : La réponse est parvenue aujourd'hui ».

P. 75, n° 563, note 3, ligne 3, lire : « une déclaration rassurante à Bucarest », au lieu de « une déclaration apaisante à Bucarest ».

P. 78, n° 567, ligne 3, lire : « intégrité de son territoire », au lieu de : « intégrité de ses territoires ».

P. 83, n° 573, alinéa 3, ligne 3, lire : « j'ai soumis ce matin », au lieu de : « j'ai soumis cet après-midi ».

P. 87, n° 578, ligne 2, lire : « répondrait avec toutes ses forces de la neutralité », au lieu de : « répondrait de la neutralité ».

P. 95, n° 588, note 1, lire : « Le télégramme n'est pas parvenu en son temps » au lieu de : « Le télégramme n'est pas parvenu à temps ».

P. 98, n° 592, note 2, lire : « Rendu par l'Empereur le 2 août » au lieu de : « Rendu par l'Empereur le 1er août ».

P. 100, n° 595, alinéa 2, avant-dernière ligne, lire : « view », au lieu de « wiew ».

P. 119, n° 611, lignes 9 et 10, lire : « Toutefois l'Allemagne devrait se rendre compte clairement », au lieu de : « Toutefois il faudrait déclarer nettement à l'Allemagne ».

P. 137, n° 639, ligne 2, lire : « les voies allemandes », au lieu de : « la voie allemande ».

P. 142, n° 648, note 1, lire : « d'après la minute dactylographiée », au lieu de : « d'après la copie dactylographiée ».

P. 150, n° 658, avant-dernier alinéa, ligne 3, lire : « dans la première publication », au lieu de : « dans la dernière communication ».

P. 184, n° 697 note 2, lire : « 1 h. 15 matin », au lieu de : « 1 h. 35 matin ».

P. 185, n° 697, ligne 11, lire : « au cas où celle-ci conclurait », au lieu de « au cas où celle-ci conclueait ».

TABLE CHRONOLOGIQUE DU TOME III (1)

N^{os}	HEURE DU DÉPART	DATE ET SUSCRIPTION	HEURE DE L'ARRIVÉE	PAGES
		31 Juillet		
480	2 h. 4 soir	L'Empereur au Tsar.		1
481		L'Ambassadeur à Rome au Ministère des Affaires Étrangères.	2 h. 5 soir	3
482		L'Empereur d'Autriche à l'Empereur.	2 h. 45 soir	3
483		L'Ambassadeur à Paris au Ministère des Affaires Etrangères.	2 h. 5o soir	4
484		L'Ambassadeur à Londres au Ministère des Affaires Etrangères	2 h. 5o soir	5
485		L'Ambassadeur à Paris au Ministère des Affaires Etrangères	2 h. 5o soir	6
486		Le Ministre à Luxembourg au Ministère des Affaires Etrangères.	2 h. 5o soir	6
487		Le Tsar à l'Empereur	2 h. 52 soir	7
488	3 h. 10 soir	Le Chancelier de l Empire à l Ambassadeur à Londres		8
489		L'Ambassadeur à Londres au Ministère des Affaires Etrangeres.	3 h. 25 soir	9
490	3 h. 3o soir	Le Chancelier de l'Empire à l'Ambassadeur à Petersbourg.		10
491	3 h. 3o soir	Le Chancelier de l'Empire à l'Ambassadeur à Paris.		11
492	3 h. 3o soir	Le Chancelier de l'Empire à l'Ambassadeur à Rome.		12
493		L'Ambassadeur à Vienne au Ministère des Affaires Etrangères.	3 h. 45 soir	13
494	soir	Procès-verbal du Secrétaire d'Etat des Affaires Etrangères.		13
495	soir	Procès-verbal du comte Mirbach, conseiller référendaire au Ministère des Affaires Etrangères.		14
496	soir	Procès-verbal du Secrétaire d'État des Affaires Etrangères.		15
497		L'Ambassadeur d'Angleterre au Chancelier de l'Empire.	soir	16
498	soir	Procès-verbal du Sous-Secrétaire d'Etat des Affaires Etrangères.		19

(1) Les dates et heures indiquées sont celles du départ du Ministère des Affaires Etrangères et de l'arrivée au Ministère. Pour les télégrammes, etc., de l'Empereur, ce sont celles du départ de la résidence impériale et de l'arrivée à la résidence. Voir *Observations préliminaires* III.

N° 480

L'Empereur au Tsar (1).

Télégramme (sans numéro).

Berlin, le 31 juillet 1914 (2).

On your appeal to my friendship and your call for assistance began to mediate (3) between your and the austro-hungarian Government. While this action was proceeding (4) your troops were mobilised against Austro-Hungary, my ally (5). Thereby, as I have already pointed out to you, my mediation has been made almost illusory.

I have nevertheless continued my action. I now receive authentic news of serious preparations for war on (6) my Eastern frontier. Responsibility for the safety of my empire forces preventive measures of defence upon me. In my endeavours to maintain the peace of the world I have gone to the utmost limit possible. The responsibility for the disaster which is now threatening the whole civilized world will not be laid at my door (7). In this moment it still lies in your power to avert it. Nobody is threatening the honour or power of Russia who can well afford to await the result of my media-

---

(1) D'après la minute. Projet de la main de G. Wedel avec des modifications et des additions de la main de l'Empereur. Cf. Livre Blanc allemand de mai 1915, p. 9.

(2) Envoyé du Nouveau Palais le 31 juillet 2 h. 4 après-midi. Le télégramme s'est croisé avec le n° 487.

(3) « began to mediate » a été substitué par l'Empereur à la phrase de Wedel « I have taken up an action of mediation. »

(4) « proceeding » a été substitué par l'Empereur aux mots de Wedel « still going on. »

(5) « my ally » a été substitué par l'Empereur aux mots de Wedel « allied to me. »

(6) « on » a été substitué par l'Empereur au mot « near » du projet.

(7) « be... door » a été substitué par l'Empereur aux mots de Wedel « fall back on to me. »

tion (8). My (9) friendship for you and your empire, transmitted (10) to me by my grandfather on his deathbed has always been sacred to me (11) and I have honestly often (12) backed up Russia when she was in serious trouble especially in her last war (13).

The peace of Europe may still be maintained by you, if Russia will agree to stop the milit. measures which must threaten (14) Germany and Austro-Hungary.

WILLY (15-16).

Traduction.

Sur Ton appel à mon amitié et Ta demande d'assistance j'ai commencé à agir comme médiateur entre Toi et l'Autriche-Hongrie. Pendant que cette intervention était en cours, Tu as mobilisé Tes troupes contre l'Autriche-Hongrie, mon alliée. C'est pourquoi, ainsi que je Te l'ai déjà signalé, ma médiation a été rendue presqu'illusoire.

J'ai néanmoins continué mon action. Je reçois maintenant des nouvelles authentiques de sérieux préparatifs de guerre à mes frontières de l'est. Responsable de la sécurité de mon Empire, je me vois contraint à prendre des mesures de défense préventives. Dans mes tentatives en vue de maintenir la paix du monde, j'ai été jusqu'aux dernières limites possibles. La responsabilité du désastre qui menace maintenant tout le monde civilisé ne pourra m'être imputée. En ce moment, il est encore en Ton pouvoir de le détourner. Personne ne menace l'honneur ni la puissance de la Russie, qui peut bien attendre le résultat de ma médiation. Mon amitié pour Toi et pour Ton Empire que m'a transmise mon grand-père à son lit de mort a toujours été sacrée pour moi et j'ai souvent soutenu honnêtement la Russie, quand elle se trouvait dans des embarras sérieux, spécialement pendant sa dernière guerre.

La paix de l'Europe peut encore être maintenue par Toi si la Russie consent à arrêter les mesures militaires qui pourraient menacer l'Allemagne ou l'Autriche-Hongrie.

---

(8) « who can... mediation » ajouté par l'Empereur.

(9) Wedel : « The ».

(10) Wedel : « overcome ».

(11) « by my... to me » substitué par l'Empereur aux mots de Wedel « by my ancestors, has never been forgotten by me. »

(12) « often » ajouté par l'Empereur.

(13) « especially... war » ajouté par l'Empereur.

(14) « will agree... threaten » substitué par l'Empereur aux mots de Wedel « will stop threatening. »

(15) « Willy » ajouté dans le projet par l'Empereur.

(16) Voir la réponse n° 546.

N° 481
L'Ambassadeur à Rome
au Ministère des Affaires Etrangères (1).

Télégramme 160.

Rome, le 31 juillet 1914 (2).

San Giuliano m'informe que, d'après les télégrammes qu'il reçoit de Bucarest, le Gouvernement roumain considère ainsi que le Gouvernement italien ses intérêts comme menacés par l'intervention violente contre la Serbie.

FLOTOW.

(1) D'après le déchiffrement.
(2) Remis à Rome à midi, parvenu au Ministère des Affaires Etrangères 2 h. 5 après-midi. Timbre d'enregistrement à l'entrée : 31 juillet après-midi.

N° 482
L'Empereur d'Autriche à l'Empereur (1).

Télégramme (sans numéro).

Vienne-Schönbrunn, le 31 juillet 1914 (2).

A Sa Majesté l'Empereur d'Allemagne, Roi de Prusse.

Berlin.

Je m'empresse de Te remercier cordialement et chaleureusement de Ton télégramme (3) amical. Aussitôt après que Ton ambassadeur eût transmis hier à mon Gouvernement le projet de médiation de Sir E. Grey, j'ai reçu une information officielle de mon ambassadeur à Pétersbourg d'après laquelle l'Empereur de Russie aurait ordonné la mobilisation de tous les districts militaires voisins de mes frontières. Le comte Szögyény m'annonce que Tu aurais déjà dit très justement à

(1) D'après la copie de l'Office télégraphique du Château.
(2) Remis à Vienne-Schönbrunn 1 h. 6 après-midi, parvenu à l'Office télégraphique du Château de Berlin 2 h. 45 après-midi. Timbre d'enregistrement à l'entrée : 31 juillet après-midi.
(3) Voir n° 437, Cf. aussi n°s 395, 434, 440, 441, 450, 464, 465.

l'Empereur Nicolas, qu'il fallait arrêter les armements russes, parce qu'autrement toute la responsabilité d'une guerre mondiale retomberait sur lui. Conscient des graves devoirs que m'impose l'avenir de mon Empire, j'ai ordonné la mobilisation de toutes mes forces armées. L'action en cours de mon armée contre la Serbie ne saurait être troublée par l'attitude menaçante et provocante de la Russie. Un nouveau sauvetage de la Serbie par une intervention russe entraînerait pour mes Etats les conséquences les plus sérieuses, et il m'est en conséquence impossible d'admettre une pareille intervention. J'ai conscience de la portée de mes résolutions et je les ai prises avec une entière confiance en la justice de Dieu et avec la certitude que Tes forces armées se dresseront dans une fidélité immuable en faveur de mon Empire et de la Triple-Alliance (4).

FRANÇOIS-JOSEPH.

(4) Voir la réponse aux nᵒˢ 5o2 et 5o3.

Nᵒ 483

**L'Ambassadeur à Paris
au Ministère des Affaires Etrangères** (1).

Télégramme 235.

Paris, le 31 juillet 1914 (2).

L'opinion publique, grâce aux efforts du Gouvernement, est aujourd'hui un peu moins émue. L'espoir du succès des négociations en cours se ranime. Le soupçon que nous poussions à la guerre se dissipe. L'opinion, pour le cas où l'on ne pourrait conserver la paix est résignée et résolue.

SCHOEN.

(1) D'après le déchiffrement.
(2) Remis à Paris 12 h. 5o après-midi, parvenu au Ministère des Affaires Etrangères 2 h. 5o après-midi. Timbre d'enregistrement à l'entrée : 3 1 juillet après-midi.

N° 484

L'Ambassadeur à Londres
au Ministère des Affaires Etrangères (1).

Télégramme 197.

Londres, le 31 juillet 1914 (2).

Sir E. Grey vient de me dire qu'il s'était trompé hier en me disant qu'entre l'état dans lequel se trouve aujourd'hui la flotte et la mobilisation il n'existait pas de moyen terme, vu que les « naval preparations » étaient déjà arrêtées (3). Il ne voulait pas m'avoir dit quoi que ce soit qui pût m'induire en erreur.

J'ai aujourd'hui pour la première fois l'impression que les rapports avec l'Allemagne qui se sont si améliorés dans ces derniers temps et peut-être les sentiments germanophiles du Cabinet permettraient d'entrevoir la possibilité que l'Angleterre, en cas de guerre, adoptât une attitude expectante.

Mais pour cela il serait extrêmement important qu'au cas où malgré tout on aboutirait à la guerre nous fussions en mesure grâce à une déclaration du Gouvernement autrichien obtenue par notre médiation, déclaration tangible et non pas seulement de pure forme, de détruire le soupçon qui règne jusqu'ici que nous soutenons sans réserve le point de vue autrichien.

LICHNOWSKY.

---

(1) D'après le déchiffrement.

(2) Remis à Londres 12 h. 13 après-midi, parvenu au Ministère des Affaires Etrangères 2 h. 5o après-midi. Timbre d'enregistrement à l'entrée : 31 juillet après-midi. Le premier paragraphe « Sir E. Grey... induire en erreur » a été communiqué à l'Empereur le 31 juillet ; les deux premiers paragraphes « Sir E. Grey... attitude expectante » ont été communiqués le 31 juillet à l'Etat-Major général, au Ministère de la Guerre, à l'Etat-Major de la Marine et au Ministère de la Marine.

(3) Voir la communication de Grey du 3o juillet (n° 438).

N° 485
L'Ambassadeur à Paris
au Ministère des Affaires Etrangères (1).

Télégramme 236.

Confidentiel. Paris, le 31 juillet 1914 (2).

J'ai mis énergiquement et personnellement au pied du mur M. Iswolsky qui essayait d'entretenir le soupçon que nous poussions à la guerre. Il se fit très petit et affirma qu'il agissait en vue de l'apaisement, depuis qu'on avait pu reconnaître notre bonne volonté en faveur du maintien de la paix. J'apprends aussi par des journalistes qu'il est devenu prudent. SCHOEN.

---

(1) D'après le déchiffrement.

(2) Remis à Paris 12 h. 12 après-midi, parvenu au Ministère des Affaires Etrangères 2 h. 50 après-midi. Timbre d'enregistrement à l'entrée : 31 juillet après-midi.

N° 486
Le Ministre à Luxembourg
au Ministère des Affaires Étrangères (1).

Télégramme 14.

Luxembourg, le 31 juillet 1914 (2).

M. Eyschen demande si, pour calmer la surexcitation qui règne ici, le Gouvernement allemand ne pourrait pas publier une déclaration portant que l'Allemagne respecterait la neutralité du Luxembourg tant qu'il n'y serait pas porté atteinte d'un autre côté (3). M. Eyschen a adressé la même demande au ministre de France (4). BUCH.

---

(1) D'après le déchiffrement.

(2) Parvenu au Ministère des Affaires Etrangères 31 juillet 2 h. 50 après-midi (la date de remise à Luxembourg n'est pas indiquée). Timbre d'enregistrement à l'entrée : 31 juillet après-midi.

(3) Sur une feuille annexée, l'annotation de Thermann du 31 juillet : « Conformément à mes instructions, j'ai soumis le contenu du télégramme A 15376 à M. le chef de l'Etat-Major général. Son Excellence de Moltke m'a déclaré qu'on ne pourrait tenir aucun compte des frontières du Luxembourg (les mots suivants « dans l'intérêt de nos opérations » ont été rayés par Thermann) ».

(4) Voir n° 606.

N° 487

Le Tsar à l'Empereur (1).

Télégramme (sans numéro).

Pétersbourg, Palais, le 31 juillet 1914 (2).

Sa Majesté l'Empereur, Nouveau Palais.

I thank you heartily for your mediation which begins to give one hope that all may yet end peacefully. It is *technically* impossible to stop our military preparations which were obligatory owing to Austria's mobilisation. We are far from wishing war. As long as the negociations with Austria on Servia's account are taking place my troops shall not make any *provocative* action. I give you my solemn word for this. I put all my trust in Gods mercy and hope in your successful mediation in Vienna for the welfare of our countries and for the peace of Europe.

Your affectionate,
NICKY.

Traduction

Je Te remercie cordialement de Ta médiation qui commence à permettre l'espoir que tout finira pacifiquement. Il est *techniquement* impossible d'arrêter nos préparatifs militaires qui étaient obligatoires en raison de la mobilisation de l'Autriche. Nous sommes loin de désirer la guerre. Aussi longtemps que les négociations avec l'Autriche au sujet de la Serbie continueront, mes troupes ne se livreront à aucune action *provocatrice*. Je T'en donne ma parole solennelle. Je mets ma confiance en la miséricorde de Dieu, et je place mon espoir dans le succès de Ta médiation à Vienne pour le bien de nos pays et pour la paix de l'Europe

Ton affectionné,
NICKY.

---

(1) D'après la copie de l'Office télégraphique du Château.

(2) Remis à Pétersbourg, Palais, 31 juillet 2 h. 55 après-midi, parvenu à l'Office télégraphique du Château de Berlin 2 h. 52 après-midi. Timbre d'enregistrement à l'entrée : 31 juillet matin (erreur au lieu de « après-midi ».) Cf. Livre Blanc allemand de mai 1915, p. 8. Le télégramme s'est croisé avec le N° 480.

N° 488

Le Chancelier de l'Empire
à l'Ambassadeur à Londres (1).

Télégramme 196.

Berlin, le 31 juillet 1914 (2).

Pour communication.

En dépit de la médiation en cours et offrant apparemment des perspectives de succès, et bien que nous n'ayons pas ordonné des mesures de mobilisation (3), la Russie a ordonné aujourd'hui (4) la mobilisation de toute son armée et de sa flotte, donc aussi contre nous (5). Nous avons déclaré l'état de menace de guerre qui doit être suivi de la mobilisation (6), si la Russie n'arrête pas dans un délai de douze heures toutes les mesures de guerre contre nous et l'Autriche.

Je ne considère pas comme impossible que la mobilisation russe doive être attribuée à ce que des bruits qui courent ici, bruits absolument faux, et immédiatement démentis officiellement, sur une mobilisation qui aurait eu lieu ici, ont été signalés comme un fait réel à Pétersbourg.

BETHMANN HOLLWEG.

---

(1) D'après la minute. Projet de la main de Jagow avec des modifications et des additions de la main du Chancelier de l'Empire. Voir aussi n°ˢ 490, 491, 492.

(2) 3 h. 10 après-midi à l'Office central télégraphique.

(3) « et bien que... mesures de mobilisation » a été ajouté par le Chancelier dans le projet de Jagow.

(4) « aujourd'hui » ajouté par le Chancelier.

(5) « donc aussi contre nous » ajouté par le Chancelier.

(6) Après « mobilisation » suivait : « La guerre avec la Russie paraît maintenant presque impossible à éviter ». Ces mots mis par Jagow ont été rayés par le Chancelier qui y a substitué les phrases : « si la Russie... ont été signalés comme un fait réel à Pétersbourg » (Voir texte plus haut).

N° 489

L'Ambassadeur à Londres
au Ministère des Affaires Etrangères (1).

Télégramme 196.

Londres, le 31 juillet 1914 (2).

Réponse au télégramme 192 (3).

Je viens de communiquer ce télégramme à Sir E. Grey. Le Ministre a déclaré tout d'abord que la Russie était devenue quelque peu susceptible en ce qui concernait les mesures de guerre, vu qu'une suggestion analogue émanant de nous avait été comprise par elle comme une menace. Mais il essaiera d'agir dans ce sens.

En ce qui concernait les entretiens austro-russes, il était d'avis que tout dépendait du fait que l'Autriche fît des concessions telles qu'elles mettraient la Russie dans son tort si elle les repoussait, — alors il serait en mesure d'exercer une pression sur Paris et sur Pétersbourg. Il me signalait aussi que précisément cette question d'équité pouvait éventuellement avoir une influence décisive sur l'attitude de l'Angleterre qui n'était liée par aucun accord ferme. Si la France entrait en jeu, l'opinion publique ici qui, provisoirement, n'avait pas encore pris d'aucune manière, parti contre l'Allemagne, deviendrait très surexcitée et il devrait être en mesure, le cas échéant, de motiver une attitude réservée de l'Angleterre par un tort visible du côté russe. Il n'a pas dit expressément ces dernières paroles, mais il a donné nettement à comprendre qu'il ne pourrait soutenir l'idée de ne pas prendre parti immédiatement pour la France que s'il était en mesure de montrer un esprit de conciliation évident. Il répéta avec insistance que l'Angleterre n'était liée par aucun traité. Je suppose qu'il a en vue sa proposition primitive d'arrêter les opérations militaires en Serbie, déclaration que j'ai trans-

---

(1) D'après le déchiffrement. Cf. dernier paragraphe du N° 496.

(2) Remis à Londres 12 h. 15 après-midi, parvenu au Ministère des Affaires Etrangères 3 h. 25 après-midi. Timbre d'enregistrement à l'entrée : 31 juillet après-midi.

(3) Voir n° 444.

mise à Votre Excellence et à la suite de laquelle elle m'a autorisé à déclarer qu'elle avait l'intention d'agir dans ce sens à Vienne ; je me réfère à mon télégramme N° 178 (4) et à votre télégramme N° 188 (5).

J'estime aussi que si le comte Berchtold se bornait à renouveler les déclarations et les explications déjà connues, les négociations offriraient peu de chances d'aboutir, que l'opinion publique russe ne supporterait pas l'avance de l'armée autrichienne en Serbie combinée avec la destruction de villes et de localités et qu'elle forcerait peut-être le Gouvernement à intervenir contre sa volonté. D'après ma connaissance de la situation à Vienne, seule une pression très énergique exercée par Berlin obtiendra le résultat que Vienne se décide à faire des concessions telles qu'elles puissent exercer une influence décisive sur l'attitude future de l'Angleterre, au cours d'une guerre, au cas où elle viendrait néanmoins à éclater.

LICHNOWSKY.

(4) Voir n° 368.
(5) Voir n° 393.

N° 490

**Le Chancelier de l'Empire
à l'Ambassadeur à Pétersbourg (1).**

Télégramme 153.
Urgent.   Berlin, le 31 juillet 1914 (2).

En dépit des négociations de médiation encore en cours, et bien que jusqu'à l'heure actuelle nous n'ayons pris aucune mesure de mobilisation, la Russie a mobilisé toute son armée et sa flotte, donc aussi contre nous. Ces mesures russes nous ont contraints, pour garantir la sécurité de l'Empire, à déclarer l'état de menace de guerre, qui ne signifie pas encore la

(1) D'après la minute de la main du Chancelier de l'Empire. Voir aussi n° 488. Cf. Livre Blanc allemand de mai 1915, p. 36, n° 23.

(2) 3 h. 30 après-midi à l'Office central télégraphique ; parvenu à l'ambassade à Pétersbourg 11 h. 10 soir.

mobilisation. Mais la mobilisation doit suivre si, dans le délai de douze heures, la Russie n'arrête pas toute mesure de guerre contre nous et l'Autriche-Hongrie et ne nous fait pas une déclaration précise dans ce sens. Je vous prie de communiquer cela immédiatement à M. Sasonow et de télégraphier l'heure de la communication. Je sais que Swerbejew a télégraphié hier à Pétersbourg que nous avions mobilisé, ce qui jusqu'ici n'est pas le cas (3-4).

BETHMANN HOLLWEG.

---

(3) Après « ce qui n'est pas le cas » le Chancelier avait écrit tout d'abord : « Nous n'avons jusqu'à hier pris aucunes mesures militaires ».

(4) Voir n° 536.

N° 491
Le Chancelier de l'Empire
à l'Ambassadeur à Paris (1).

Télégramme 180.

Urgent.　　　　　　　　　　Berlin, le 28 juillet 1914 (2).

La Russie en dépit de notre action de médiation encore en cours, et bien que nous n'ayons nous-mêmes pris aucune mesure de mobilisation (3), a ordonné la mobilisation de toute son armée et de sa flotte, donc aussi contre nous. Nous avons déclaré l'état de menace de guerre qui doit être suivi de la mobilisation si, dans le délai de 12 heures, la Russie n'arrête pas toute mesure de mobilisation contre nous et l'Autriche-Hongrie. La mobilisation signifie inévitablement la guerre (4). Je vous prie de demander au Gouvernement français si, dans une guerre entre l'Allemagne et la Russie, il restera neutre.

---

(1) D'après la minute. Projet de la main de Jagow avec additions de la main du Chancelier. Voir aussi n° 488. Cf. Livre Blanc allemand de mai 1915, p. 36, n° 24.

(2) 3 h. 30 après-midi à l'Office central télégraphique.

(3) « et bien que... mobilisation » ajouté par le Chancelier dans le projet de Jagow.

(4) « si, dans le délai de 12 heures, la Russie... inévitablement la guerre » ajouté par le Chancelier.

La réponse doit être donnée dans le délai de 18 heures (5).
Télégraphiez immédiatement l'heure à laquelle vous aurez
posé cette question. La plus grande hâte s'impose.

Secret : Si, ce qu'il n'y a pas lieu de supposer, le Gouvernement français déclare qu'il restera neutre, je prie Votre
Excellence de déclarer au Gouvernement français que nous
devrons exiger comme gage de sa neutralité la remise des
forteresses de Toul et de Verdun que nous occuperons et
que nous restituerons après que la guerre avec la Russie
sera terminée. La réponse à cette question doit être connue
ici demain à 4 heures de l'après-midi.

BETHMANN HOLLWEG.

---

(5) Voir la réponse nᵒˢ 528 et 571 ; voir aussi nᵒ 543.

Nᵒ 492

**Le Chancelier de l'Empire
à l'Ambassadeur à Rome (1).**

Télégramme 150.

Urgent. Berlin, le 31 juillet 1914 (2).

Bien que notre action de médiation fût encore en cours, et
bien que nous n'eussions pris aucunes mesures de mobilisation (3), la Russie a ordonné la mobilisation de toute son
armée et de sa flotte, donc aussi contre nous. Nous avons
alors déclaré l'état de menace de guerre qui doit être suivi
de la mobilisation (4) si, dans le délai de 12 heures, la Russie
n'arrête pas toute mesure de guerre contre nous et l'Autriche-
Hongrie. La mobilisation signifie la guerre. Nous avons posé
à la France la question de savoir si dans une guerre entre

---

(1) D'après la minute. Projet de la main de Jagow avec des additions du
Chancelier. Voir également nᵒ 488.

(2) 3 h. 30 après-midi, à l'Office central télégraphique.

(3) « et bien que.. mobilisation » ajouté par le Chancelier.

(4) Après « mobilisation » dans le projet de Jagow suivaient les mots :
« Cela signifie inévitablement la guerre », ils ont été rayés par le Chancelier
qui y a substitué la phrase : « si... signifie la guerre ».

l'Allemagne et la Russie elle resterait neutre. Le délai assigné est de 18 heures. Si, comme il y a tout lieu de l'attendre, la réponse de la France est négative, nous devrons déclarer immédiatement l'état de guerre entre nous et la France.

Nous comptons fermement que l'Italie se conformera aux obligations qu'elle a contractées.

BETHMANN HOLLWEG.

N° 493

L'Ambassadeur à Vienne
au Ministère des Affaires Étrangères (1).

Télégramme 143.

Vienne, le 31 juillet 1914 (2).

M. de Bunsen a dit au rédacteur en chef du « Fremden-blatt » que si l'Autriche et l'Allemagne parvenaient à démontrer d'une manière convaincante qu'elles avaient été provoquées par la Russie, l'opinion publique anglaise qui jusqu'ici était favorable à l'intervention autrichienne contre la Serbie régicide pourrait être maintenue dans ce sens et qu'il serait ainsi beaucoup plus facile au Gouvernement anglais de garder une attitude neutre au cours d'une grande guerre.

TSCHIRSCHKY.

---

(1) D'après le déchiffrement.

(2) Remis à Vienne 12 h. 35 après-midi, parvenu au Ministère des Affaires Etrangères 3 h. 45 après-midi. Timbre d'enregistrement à l'entrée : 31 juillet après-midi.

N° 494

Procès-verbal du Secrétaire d'Etat
des Affaires Etrangères (1).

Berlin, le 31 juillet 1914 (2).

J'ai répondu au comte Moltke que je le remerciais de sa

---

(1) De la main de Jagow.

(2) Timbre d'enregistrement à l'entrée du Ministère des Affaires Etrangères : 31 juillet après-midi. Zimmermann a eu connaissance de ce procès-verbal le 31 juillet.

déclaration (3) de neutralité bienveillante, que nous n'avions *pas* l'intention — tant que le Danemark resterait neutre ou pourrait rester neutré — d'étendre nos opérations militaires au territoire danois et aux eaux danoises (à supposer que nos adversaires s'abstinssent de le faire) et que nous n'avions pas en outre l'intention de toucher à l'intégrité du royaume danois.

Nous avons conseillé au Danemark de mettre ses ports à l'abri d'une occupation par la flotte anglaise ou la flotte russe.

v. Jagow.

---

(3) La déclaration avait été faite par le ministre de Danemark au comte Moltke (Le procès-verbal de l'entretien est de la main de Radowitz ; timbre d'enregistrement à l'entrée du Ministère des Affaires Etrangères : 31 juillet après-midi.)

Nº 495

Procès-verbal du Comte Mirbach
Conseiller Référendaire
au Ministère des Affaires Etrangères (1).

Berlin, le 31 juillet 1914 (2).

Le ministre de Belgique est venu me voir et m'a dit qu'il attachait du prix à préciser que l'appel de trois classes qui avait eu lieu en Belgique n'avait pas le caractère d'une mobilisation, mais servait exclusivement à compléter les effectifs habituellement très faibles.

Mirbach.

---

(1) De la main de Mirbach.

(2) Timbre d'enregistrement à l'entrée du Ministère des Affaires Etrangères : 31 juillet après-midi. Le Chancelier, Jagow et Zimmermann ont eu connaissance du procès verbal le 31 juillet ; il a été communiqué le 2 août par le Ministère après quelques petites modifications à l'Etat-Major général, au Ministère de la Guerre, à l'Etat-Major de la Marine et au Ministère de la Marine.

N° 496

Procès-verbal du Secrétaire d'Etat des Affaires Etrangères (1).

Berlin, le 31 juillet 1914 (2).

L'Allemagne doit sonder Vienne, et l'Angleterre Pétersbourg pour savoir s'il serait possible que les quatre Puissances désintéressées procurassent à l'Autriche entière satisfaction de ses exigences à l'égard de la Serbie sous réserve que ces dernières ne porteraient pas atteinte à la souveraineté et à l'intégrité territoriale de la Serbie.

L'Autriche a déjà déclaré qu'elle était disposée à respecter la souveraineté et l'intégrité territoriale de la Serbie.

Les quatre puissances pourraient informer la Russie qu'elles peuvent garantir que les exigences de l'Autriche ne seront pas étendues au point de porter atteinte à la souveraineté et à l'intégrité de la Serbie.

Naturellement toutes les puissances devraient suspendre les préparatifs et les opérations militaires.

Grey a dit ce matin à Lichnowsky (3), que si l'Allemagne aboutissait à ce résultat qu'une proposition raisonnable fût faite, montrant clairement que l'Allemagne et l'Autriche cherchaient à conserver la paix européenne, et que la Russie et la France seraient déraisonnables en la repoussant, Sir Edward Grey appuierait cette proposition à Paris et à Pétersbourg et irait jusqu'à dire que, si la Russie et la France ne l'acceptaient pas, le Gouvernement anglais ne se préoccuperait plus des conséquences. D'autre part Grey a dit à l'ambassadeur d'Allemagne que si la France participait à la guerre l'Angleterre y serait entraînée.

---

(1) D'après le procès-verbal de la main de Jagow. Cf. Livre Bleu anglais de 1914, n° 111.

(2) Annotation de la main de Jagow : pr. 31 juillet 1914. Timbre d'enregistrement à l'entrée du Ministère des Affaires Etrangères : 1ᵉʳ août après-midi.

(3) Voir n° 489.

N⁰ 497

L'Ambassadeur d'Angleterre
au Chancelier de l'Empire (1).

Sir Edward Goschen has been instructed to make the following communication to the Imperial Chancellor :

The proposal that His Majesty's Government should bind themselves to neutrality on the terms proposed cannot possibly be entertained (2).

The proposal, is in effect that so long as Germany does not take French territory, as distinct from Colonies, His Majesty's Government should engage themselves to stand aloof while France is being beaten and her Colonies perhaps annexed. Such a proposal is unacceptable from a material point of view, for, while no further territory in Europe might be taken from her, France could be so crushed as to lose her position as a Great Power and become subordinate to German policy. But apart from that material consideration, it is the opinion of His Majesty's Government that to make this bargain with the Imperial Government at the expense of France would be a disgrace from which the good name of Great Britain would never recover. Neither could His Majesty's Government entertain the bargain with regard to Belgium, for they are in effect asked to bargain away whatever obligation or interest they have as regards her neutrality.

Under these circumstances, and having said so much, His Majesty's Government feel that it would serve no useful purpose to examine whether the prospect of a future general neutrality agreement between Great Britain and Germany would offer sufficient positive advantages to compensate His Majesty's Government for having their hands tied at the present moment. Sir Edward Grey's answer to the Imperial Chancellor's communication must be that His Majesty's

---

(1) D'après une expédition non datée et non signée. Timbre d'enregistrement à l'entrée du Ministère des Affaires Etrangères : 31 juillet après-midi. Cf. Livre Bleu Anglais, nᵒˢ 101 et 109.

(2) Voir nᵒ 373.

Government must reserve their full freedom to act as cir_
cumstances may seem to them to require in the event of the
crisis developing in the unfavourable manner contemplated
by the Chancellor.

Sir Edward Goschen is instructed to add most earnestly
that one way of maintaining good relations between England
and Germany is that the two countries should continue to
work together to preserve the European peace; if they succeed in that object the mutual relations of Germany and
England will, in Sir Edward Grey's opinion, be *ipso facto*
strengthened and improved. His Majesty's Government will
work with all sincerity and good will in pursuance of that
object.

Sir Edward Grey adds that if this crisis can be safely
passed and the peace of Europe preserved, his own object
would be to promote some arrangement to which Germany could be a party and by which she could be assu-
red that no agressive or hostile policy would be pursued
against her or her allies by Russia, France or Great Britain,
either separately or jointly. Sir Edward Grey has desired
this and worked for it as far as lay in his power all through
the last Balkan crisis ; and as Germany had a corresponding
object, the relations between the two countries showed sen-
sible improvement. Sir Edward Grey says that the idea of
such an arrangement has hitherto been regarded as too Uto-
pian to form the subject of definite proposals, but if this
present crisis, which is more acute than any which Europe
has for generations had to face, be safely passed, he nouris-
hes the hope that the relief and reaction that will ensue may
render possible some more definite *rapprochement* between
the Powers than has hitherto proved feasible.

Traduction.

Sir Edward Goschen a été chargé de faire au Chancelier de l'Empire la
déclaration suivante :

La proposition d'après laquelle le Gouvernement de Sa Majesté devrait
s'engager à la neutralité aux conditions proposées ne peut être accueillie.

La proposition est en effet qu'aussi longtemps que l'Allemagne ne prendra
pas de territoire français, en en excluant les colonies, le Gouvernement de

Sa Majesté s'engagerait à rester à l'écart pendant que la France serait battue et que peut-être ses colonies seraient annexées. Une telle proposition est inacceptable au point de vue des faits, car, sans qu'on lui enlevât des territoires en Europe, la France pourrait être écrasée au point de perdre sa situation de grande puissance et d'être subordonnée à la politique allemande. Mais à part cette considération de fait, l'avis du Gouvernement de Sa Majesté est que conclure ce marché avec le Gouvernement Impérial aux dépens de la France serait une honte dont la bonne réputation de la Grande-Bretagne ne se relèverait jamais. Le Gouvernement de Sa Majesté ne pourrait pas davantage accueillir ce marché en ce qui concerne la Belgique, car on lui demande d'aliéner toutes les obligations ou tous les intérêts qu'il a en ce qui concerne sa neutralité.

Dans ces conditions, et ayant dit ainsi, le Gouvernement de Sa Majesté estime qu'il n'y aurait aucune utilité à examiner si la perspective d'un traité futur et général de neutralité entre la Grande-Bretagne et l'Allemagne présenterait des avantages positifs offrant une compensation suffisante au Gouvernement de Sa Majesté pour accepter d'avoir les mains liées au moment actuel. La réponse de Sir Edward Grey à la communication du Chancelier impérial doit être que le Gouvernement de Sa Majesté doit réserver son entière liberté d'agir comme les circonstances lui sembleront devoir l'exiger, dans le cas d'une crise se développant de la manière défavorable envisagée par le Chancelier.

Sir Edward Goschen est chargé d'ajouter très sérieusement qu'un moyen de maintenir de bonnes relations entre l'Angleterre et l'Allemagne est que les deux pays continuent à travailler ensemble au maintien de la paix européenne ; s'ils réussissent à atteindre ce but, les relations mutuelles de l'Allemagne et de l'Angleterre seront par là-même, de l'avis de Sir Edward Grey, fortifiées et améliorées. Le Gouvernement de Sa Majesté travaillera avec sincérité et bonne volonté à cet effet.

Sir Edward Grey ajoute que si cette crise peut être heureusement surmontée et la paix de l'Europe maintenue, son objectif serait d'aboutir à un arrangement auquel l'Allemagne pourrait adhérer, et par lequel elle pourrait être assurée qu'aucune politique agressive ou hostile ne serait poursuivie contre elle ou ses alliés par la Russie, la France ou la Grande-Bretagne, soit unies, soit séparément. Sir Edward Grey a désiré ce résultat et il y a travaillé autant qu'il était en son pouvoir pendant la dernière crise des Balkans ; et, comme l'Allemagne avait un but semblable, les relations entre les deux pays se sont sensiblement améliorées. Sir Edward Grey dit que l'idée d'un pareil arrangement a été regardé jusqu'ici comme trop utopique pour faire le sujet de propositions définies, mais que si la crise présente, qui est plus aiguë que toutes celles auxquelles l'Europe a eu à faire face depuis des générations, était heureusement surmontée, il entretient l'espoir que le soulagement et la réaction qui s'ensuivront pourront rendre possible un *rapprochement* plus caractérisé entre les Puissances qu'il n'a paru jusqu'ici possible.

N° 498

Procès-verbal du Sous-Secrétaire d'Etat des Affaires Etrangères (1).

Berlin, le 31 juillet 1914 (2).

Le comte Szögyény, conformément aux instructions de son Gouvernement, me confirme le contenu suivant d'un télégramme du baron Conrad von Hötzendorf parvenu aujourd'hui à M. le chef d'Etat-Major général :

En vertu d'une décision de Sa Majesté, l'exécution de la guerre contre la Serbie a été décidée, le reste de l'armée doit être mobilisé et concentré en Galicie. Première mobilisation : 4 août. L'ordre de mobilisation parti le 31 juillet. La décision a été prise hier.

ZIMMERMANN.

------

(1) De la main de Zimmermann.
(2) Timbre d'enregistrement à l'entrée du Ministère des Affaires Etrangères : 31 juillet après-midi. Le Chancelier de l'Empire et Jagow ont eu connaissance du procès-verbal le 31 juillet.

N° 499

Le Ministre de la Guerre au Chancelier de l'Empire et au Secrétaire d'Etat des Affaires Etrangères (1).

Secret. Berlin, le 31 juillet 1914 (2).

L'état de menace de guerre a été proclamé.

V. FALKENHAYN.

------

(1) D'après les expéditions de la lettre écrite par Falkenhayn et adressée au Chancelier de l'Empire et au Ministre prussien des Affaires Etrangères ainsi qu'au Secrétaire d'Etat des Affaires Etrangères.
(2) Timbre d'enregistrement à l'entrée du Ministère des Affaires Etrangères : 31 juillet après-midi.

N° 500
Le Grand Etat-Major général
au Chancelier de l'Empire (1).

Berlin, le 31 juillet 1914 (2).

Je prie Votre Excellence de vouloir bien informer le plus tôt possible le Gouvernement fédéral suisse que la fermeture de la frontière suisse-allemande n'a été ordonnée que pour empêcher l'espionnage français de recueillir des nouvelles sûres par la Suisse (3).

P. O.
COMTE WALDERSEE.

(1) D'après le déchiffrement.
(2) Timbre d'enregistrement à l'entrée du Ministère des Affaires Etrangères : 31 juillet après-midi.
(3) Voir n° 514

N° 501
Le Secrétaire d'Etat des Affaires Etrangères
aux Ambassadeurs à Vienne et à Rome (1).

Télégrammes 206, 149.
Urgent. Berlin, le 31 juillet 1914 (2).
Pour usage confidentiel.
Nous essayons d'empêcher la Grèce de prendre parti contre la Triple Alliance.

JAGOW.

(1) D'après la minute. Projet de la main de Rosenberg.
(2) 4 h. après-midi à l'Office central télégraphique, parvenu à l'ambassade à Vienne 7 heures soir.

N° 502
Projet non utilisé d'un télégramme de l'Empereur
à l'Empereur d'Autriche (1).

Berlin, le 31 juillet 1914.

Je Te remercie de tout mon cœur des paroles confiantes

(1) Projet de la main de Stumm, paraphé par Zimmermann et le Chancelier de l'Empire. On trouve aussi le projet du rapport immédiat écrit par

et vaillantes que Tu m'as adressées (2). Alors que les mesures de mobilisation de la Russie dirigées contre Toi devaient déjà rendre illusoire la médiation que j'avais entreprise auprès de Toi d'accord avec le Gouvernement anglais, l'Empereur Nicolas, en ordonnant aujourd'hui la mobilisation de toutes ses forces de terre et de mer, m'a obligé, pour la sécurité de mon Empire, à déclarer l'état de menace de guerre. J'ai adressé au Gouvernement russe la sommation d'arrêter dans un délai de douze heures toutes mesures de guerre contre l'Allemagne et l'Autriche, à défaut de quoi je serais forcé de procéder de mon côté à la mobilisation de mes forces.

J'espère que Dieu à la dernière heure éclairera le Tsar, et pourra détourner le terrible malheur que l'attitude de la Russie menace d'attirer sur le monde. Mais si ce n'était pas le cas, j'ai confiance que côte à côte nous remporterons la victoire dans la guerre qui nous a été imposée après que pendant plus de trente-cinq ans nous nous sommes efforcés dans une étroite union de maintenir la paix.

Bergen, modifié par Jagow et non encore paraphé par le Chancelier dont devait être accompagné le projet de télégramme envoyé à l'Empereur. Les deux documents sont devenus sans utilité vu que le texte transmis du Château au Ministère des Affaires Etrangères (n° 5o3) avait été télégraphié à Vienne. Le Ministère des Affaires Etrangères avait aussi préparé le projet d'un télégramme de l'Empereur au Roi d'Italie qui avec le rapport immédiat précité devait être également transmis à l'Empereur ; ce projet ne figure pas aux Archives.

(2) Voir n° 482.

N° 503
L'Empereur à l'Empereur d'Autriche (1).
Télégramme 208.

Berlin, le 31 juillet 1914 (2).

Sa Majesté l'Empereur François-Joseph, Vienne.

Les premiers préparatifs de mobilisation de toute mon armée et de ma flotte que j'ai ordonnés aujourd'hui seront

---

(1) D'après la copie se trouvant aux Archives du Ministère des Affaires Etrangères. Voir n° 482, cf. aussi n° 5o2.

(2) L'original du télégramme a été transmis le 31 juillet à 4 h. 5 après-midi par l'aide de camp de service au Ministère des Affaires Etrangères avec

suivis de la mobilisation définitive dans le plus court délai possible. Je compte que le 2 août sera le premier jour de la mobilisation, et je suis prêt, conformément à mes obligations d'alliance, à commencer immédiatement la guerre contre la Russie et la France. Dans cette grave lutte il est de la plus grande importance que l'Autriche mette en ligne ses forces principales contre la Russie, et ne les dissémine pas en prenant en même temps l'offensive contre la Serbie. Cela est d'autant plus important qu'une grande partie de mon armée sera occupée par la France. La Serbie, dans le gigantesque combat où nous entrons côte à côte, ne joue qu'un rôle tout à fait accessoire qui n'exige que les mesures défensives les plus indispensables. Le succès de la guerre et la conservation de nos Monarchies ne peuvent être espérés que si tous les deux nous nous dressons avec toutes nos forces contre le nouveau et puissant adversaire. Je Te prie en outre de tout faire pour T'assurer par les plus grandes concessions possibles la participation de l'Italie ; toutes autres considérations doivent fléchir devant la nécessité d'obtenir que la Triple Alliance entre en commun dans la guerre (3).

GUILLAUME.

---

l'ordre de l'Empereur de le transmettre chiffré et d'informer le Château de son expédition. Le télégramme a été adressé télégraphiquement à l'ambassadeur à Vienne en le priant de le faire parvenir immédiatement à l'Empereur François-Joseph ; 4 h. 40 après-midi à l'Office central télégraphique, reçu à l'ambassade à Vienne 7 h. soir.

(3) Voir n° 601.

N° 504

Le Secrétaire d'Etat des Affaires Etrangères au Chargé d'affaires à Athènes (1).

Télégramme 104.

Urgent.   Berlin, le 31 juillet 1914 (2).

Je vous prie de communiquer immédiatement à Sa Majesté le Roi le télégramme suivant par voie de lecture orale :

---

(1) D'après la minute. Projet de la main de Rosenberg.
(2) 5 heures après-midi à l'Office central télégraphique.

« Je Te remercie cordialement... complète et sans réserve. Guillaume » (3).

Vous vous abstiendrez de laisser copie écrite de ce télégramme. Rendez-moi compte télégraphiquement.

JAGOW.

------

(3) Ici est inséré le télégramme de l'Empereur n⁰ 466.

N⁰ 505

Le Secrétaire d'État des Affaires Étrangères au Ministre à Bruxelles (1).

Télégramme 39.   Berlin, le 31 juillet 1914 (2).

L'attaché militaire à Pétersbourg télégraphie (3) :

« Le Grand-Duc Nicolas Michailowitch m'a dit qu'il avait appris que la Belgique avait un traité d'alliance avec la France. »

Je vous prie de faire part confidentiellement de cette déclaration au Gouvernement belge (4).

JAGOW.

------

(1) D'après la minute. Projet de la main de Bergen.
(2) 5 h. 3o après-midi à l'Office central télégraphique.
(3) Voir n⁰ 445.
(4) Voir n⁰ 58ı.

N⁰ 506

Le Secrétaire d'Etat des Affaires Étrangères au Chargé d'affaires à Bucarest (1).

Télégramme 58.   Berlin, le 31 juillet 1914 (2).

Je vous prie de déclarer immédiatement au Roi Carol et à M. Bratiano ce qui suit :

Si la guerre avec la Russie devenait inévitable, le Gouvernement impérial, en cas de résultat favorable, se porterait garant que la Roumanie, si elle remplissait ses obligations

------

(1) D'après la minute. Projet de la main de Bergen avec des modifications de la main de Jagow. Voir n⁰ 563.
(2) 6 heures après-midi à l'Office central télégraphique.

d'alliée et participait activement à la guerre à nos côtés, recevrait en compensation la Bessarabie (3).

Accusez-moi réception télégraphiquement. Télégraphiez-moi l'exécution de ces instructions (4).

JAGOW.

---

(3) Ce paragraphe était conçu ainsi qu'il suit dans le projet primitif de la main de Jagow : « déclarer que, vu la mobilisation générale ordonnée par la Russie, la guerre est imminente. Si l'on en venait à la guerre avec la Russie, le Gouvernement Impérial aurait soin que la Roumanie, comme compensation de l'exécution de ses obligations d'alliance et de sa coopération active à nos côtés, reçut toute la Bessarabie ».

(4) Voir nº 582.

Nº 507
Le Secrétaire d'Etat des Affaires Etrangères à l'Ambassadeur à Vienne (1).

Télégramme 207.   Berlin, le 31 juillet 1914 (2).

Le chargé d'affaires impérial à Bucarest a reçu les instructions suivantes :

(Comme au nº 506, paragraphe 2).

Je vous prie d'inviter le Gouvernement austro-hongrois à faire des déclarations analogues au Roi Carol et au Gouvernement roumain (3).

JAGOW.

---

(1) D'après la minute. Projet de la main de Bergen avec des modifications de la main de Jagow.

(2) 6 heures après-midi à l'Office central télégraphique.

(3) Voir nº 561.

Nº 508
Le Chancelier de l'Empire à l'Ambassadeur à Constantinople (1).

Télégramme 290.

Urgent.   Berlin, le 31 juillet 1914 (2).

Secret.

Je vous prie de faire part immédiatement au Grand-Vizir

---

(1) D'après la minute. Projet de la main de Rosenberg avec des modifications du Chancelier de l'Empire.

(2) 6 h. 45 après-midi à l'Office central télégraphique.

de notre acceptation de la durée du traité jusqu'en 1918 que désire la Porte, et d'ajouter que nous sommes prêts à la conclusion immédiate du traité (3). A Vienne et à Rome nous insistons en faveur de l'extension du traité germano-turc à la Triple Alliance.

Votre Excellence est autorisée à signer immédiatement (4), cependant il y a lieu auparavant de s'assurer que la Turquie dans la guerre actuelle peut entreprendre et entreprendra une action sérieuse contre la Russie. Dans le cas de la négative, l'alliance serait naturellement sans valeur et ne devrait pas être conclue.

Bethmann Hollweg.

------

(3) Voir nᵒˢ 320 et 411 ; cf. aussi nᵒ 517.

(4) Après les mots « est autorisée à signer immédiatement » suivaient d'abord les mots de Rosenberg : « Exclusivement pour votre information personnelle. L'alliance ne doit pas échouer sur la question de la durée du traité. Par conséquent Votre Excellence en dernier ressort doit consentir à l'extension du traité à 7 ans ». Ces mots ont été rayés par le Chancelier qui par contre y a fait l'addition suivante (qu'on voit en haut dans le texte) « cependant il y a lieu auparavant... et ne devrait pas être conclue. »

N° 509

**Le Ministre à Berne
au Ministère des Affaires Etrangères (1).**

Télégramme 17.

Secret Berne, le 31 juillet 1914 (2).

Le Conseil fédéral suisse a ordonné le cas échéant la mobilisation de *toute* l'armée, en outre ce qu'on appelle la formation des piquets, c'est-à-dire l'état de préparatifs de

------

(1) D'après le déchiffrement.

(2) Remis à Berne 3 heures après-midi ; parvenu au Ministère des Affaires Etrangères 6 h. 47 après-midi. Timbre d'enregistrement à l'entrée : 31 juillet matin (erreur, au lieu de : après-midi). Le déchiffrement a été envoyé à l'Empereur le 31 juillet. Le télégramme de Romberg, conformément à une décision marginale de Jagow, a été communiqué le 31 juillet à l'Etat-Major général, au Ministère de la Guerre, à l'Etat-Major de la Marine et au Ministère de la Marine, transmis par messager 8 h. 45 soir.

mobilisation et l'appel des effectifs de landsturm pour les occupations nécessaires, même à la frontière allemande, ainsi que le chef de l'Etat-major général me l'a dit, pour une simple question de forme. Le décret paraîtra vraisemblablement aujourd'hui.

ROMBERG.

N° 510
L'Ambassadeur à Vienne
au Ministère des Affaires Etrangères (1).

Télégramme 144.

Vienne, le 31 juillet 1914 (2).

Le duc d'Avarna, qui est venu me voir de bonne heure ce matin, a déclaré qu'il était désirable que le Gouvernement impérial, en se référant à l'agression russe clairement établie par la mobilisation, rappelât nettement à Rome le *casus fœderis*. Ces déclarations de mon collègue italien ne doivent pas être interprétées comme supposant de sa part une attitude déloyale de l'Italie, mais il estimait qu'un langage net de Berlin à Rome était indiqué. Je dois vous prier de considérer la suggestion du duc d'Avarna comme *strictement confidentielle*, car, s'il en filtrait quelque chose, elle compromettrait mon collègue italien qui a toujours fait preuve d'attachement loyal à la Triple Alliance.

J'ai encore attiré énergiquement l'attention du comte Berchtold sur le fait qu'en ce moment l'Autriche-Hongrie avait l'obligation de nous attacher l'Italie par les plus larges concessions possibles.

TSCHIRSCHKY.

---

(1) D'après le déchiffrement.

(2) Remis à Vienne 4 h. 20 après-midi, parvenu au Ministère des Affaires Etrangères 7 h. 41 soir. Timbre d'enregistrement à l'entrée : 31 juillet après-midi.

N° 511
Le Ministre d'État
du Luxembourg et Président du Gouvernement
au Ministère des Affaires Etrangères.

Télégramme (sans numéro).

Luxembourg, le 31 juillet 1914 (1).

L'extension de l'interdiction d'exportation de vivres, etc., à la frontière luxembourgeoise à cause de la déclaration de l'état de guerre contrevient aux stipulations de libre circulation entre les États d'Union douanière. Elle fait le plus grand tort à la population de ce pays, notamment à l'industrie de la fonte qui se trouve pour les trois quarts dans des mains purement allemandes, et qui est menacée d'être arrêtée par le manque de charbon et de wagons. Je vous prie instamment d'autoriser une exception pour la frontière allemande-luxembourgeoise. Le Gouvernement Grand-Ducal est prêt à prendre toutes les mesures nécessaires pour empêcher les abus.

Le Ministre d'État, EYSCHEN.

-----

(1) Remis à Luxembourg 6 h. 21 après midi, parvenu au Ministère des Affaires Etrangères 7 h. 5o soir. Timbre d'enregistrement à l'entrée : 31 juillet après-midi.

N° 512
Le Chargé d'affaires à Athènes
au Ministère des Affaires Étrangères (1).

Télégramme 227.

Athènes, le 31 juillet 1914 (2).

Les informations reçues par le Gouvernement de ce pays dont j'ai fait part (3), et d'après lesquelles l'Autriche négocie

-----

(1) D'après le déchiffrement.
(2) Remis à Athènes 2 h. 3o après-midi, parvenu au Ministère des Affaires Etrangères 8 h. 25 soir. Timbre d'enregistrement à l'entrée : 31 juillet après-midi.
(3) Voir n° 36o.

avec la Turquie et la Bulgarie, paraissent émaner directement de la légation de Russie. L'Autriche a entre temps déclaré ici qu'elle usait de toute son influence à Sofia pour que la Bulgarie se tînt tranquille.

BASSEWITZ.

N° 513
Le Chancelier de l'Empire
à l'Ambassadeur à Londres (1).

Télégramme 199.

Berlin, le 31 juillet 1914 (2).

Le 29 le Tsar a prié télégraphiquement Sa Majesté de se porter médiateur entre la Russie et l'Autriche (3). Sa Majesté s'y est déclarée immédiatement prête, en a fait part télégraphiquement au Tsar et a effectué immédiatement une démarche à Vienne (4). Sans en attendre le résultat (5), la Russie a mobilisé contre l'Autriche. Sa Majesté a immédiatement attiré l'attention du Tsar sur le fait que cet acte rendait son action médiatrice pour ainsi dire illusoire, et a prié le Tsar d'arrêter ses mesures militaires contre l'Autriche (6). Il ne l'a pas fait. Néanmoins nous avons continué notre action médiatrice à Vienne et par nos propositions très pressantes nous sommes allés jusqu'à l'extrême limite de ce que nous pouvions demander à un Etat souverain qui est notre allié (7). Nos propositions à Vienne étaient conçues tout à fait dans le sens des propositions de l'Angleterre que nous avions recommandées au sérieux examen de Vienne. On a délibéré à Vienne à ce sujet. Pendant la délibération ce matin et avant

---

(1) D'après la minute de la main du Chancelier de l'Empire avec des additions de la main de Stumm.

(2) 8 h. 3o soir à l'Office central télégraphique.

(3) Voir n° 332.

(4) Voir n° 359.

(5) « Sans... résultat » ajouté de la main de Stumm. Le Chancelier avait écrit : « elle a ».

(6) Voir n° 420.

(7) Voir n°ˢ 395 et 396.

qu'elle fût terminée, le comte Pourtalès a annoncé officiellement la mobilisation de toute l'armée et de toute la marine
russes (8). Cet acte russe a coupé à l'Autriche la possibilité
de répondre à notre proposition de médiation. Il (9) est dirigé
aussi contre-nous, par conséquent contre la puissance que
le Tsar avait priée personnellement d'offrir sa médiation.
Nous sommes obligés de répondre par d'énergiques contre-
mesures à un acte que nous ne pouvons considérer que
comme hostile, si nous ne voulons pas renoncer absolument
à assurer la sécurité de la Patrie. Nous ne pouvons pas con-
templer inactifs la mobilisation russe sur notre frontière.
Nous avons dit à la Russie que si, dans le délai de 12 heures,
elle n'arrêtait pas les mesures militaires contre nous et l'Autriche, nous mobiliserions, ce qui signifierait la guerre (10).
Nous avons demandé à la France si, dans l'hypothèse d'une
guerre russo-allemande, elle resterait neutre (11). Je vous
prie d'agir par tous les moyens possibles pour que cette
situation soit appréciée comme elle doit l'être par la presse
anglaise.

Bethmann Hollweg.

____

(8) Voir n° 473.
(9) « a coupé à l'Autriche... médiation. Il » ajouté de la main de Stumm.
(10) Voir n° 490.
(11) Voir n° 491.

N° 514

Le Secrétaire d'Etat des Affaires Etrangères
au Ministre à Berne (1).

Télégramme 21.

Berlin, le 31 juillet 1914 (2).

Je vous prie d'informer le Gouvernement fédéral suisse
que la fermeture de la frontière allemande-suisse qui a été
ordonnée a lieu exclusivement pour empêcher les espions
français de recueillir des nouvelles sûres par la Suisse.

Jagow.

____

(1) D'après la minute. Projet de la main de Zimmermann; provoqué par
une demande de l'Etat-Major général, voir n° 500.
(2) 8 h. 30 soir, à l'Office central télégraphique.

N° 515
Le Ministre à Stockholm
au Ministère des Affaires Etrangères (1).

Télégramme 33.

Stockholm, le 31 juillet 1914 (2).

Le ministre de Suède à Pétersbourg télégraphie.:

« Le Tsar a ordonné cette nuit la mobilisation générale de l'armée et de la flotte pour toutes les classes. Aujourd'hui est le premier jour de la mobilisation. La territoriale est également appelée. »

REICHENAU.

(1) D'après le déchiffrement.
(2) Remis à Stockholm 5 h. 45 après-midi, parvenu au Ministère des Affaires Etrangères 9 h. 6 soir. Timbre d'enregistrement à l'entrée : 31 juillet après-midi. Communiqué le 31 juillet à l'Etat-Major général, au Ministère de la Guerre, à l'Etat-Major de la Marine et au Ministère de la Marine.

N° 516
Le Ministre à La Haye
au Ministère des Affaires Etrangères.

Télégramme 27.

La Haye, le 31 juillet 1914 (1).

On me confirme de source officielle que Sa Majesté la Reine a par un décret d'aujourd'hui levé (2) l'armée, la territoriale et la marine.

MÜLLER.

(1) Remis à La Haye 8 h. soir, parvenu à l'Office central télégraphique de Berlin 9 h. 23 soir, parvenu au Ministère des Affaires Etrangères 10 h. 10 soir. Timbre d'enregistrement à l'entrée : 31 juillet après-midi Copie soumise le 31 juillet au Chancelier de l'Empire, transmise par celui-ci à l'Empereur et renvoyée au Ministère le 1er août par le Chancelier. Communiqué le 1er août à l'Etat-Major général, au Ministère de la Guerre, à l'Etat-Major de la Marine et au Ministère de la Marine.
(2) Erreur au lieu de : « convoqué ».

N° 517
L'Ambassadeur à Constantinople
au Ministère des Affaires Etrangères (1).

Télégramme 392.

Thérapia, le 31 juillet 1914 (2).

La mobilisation russe fait de l'impression sur la Porte et éveille des inquiétudes au sujet d'une agression russe contre la Turquie. D'autre part, dans le nouveau refus par la Grèce d'une rencontre du Grand-Vizir avec Venizelos, on aperçoit un coup de la Triple Entente qui veut prolonger la tension gréco-turque afin que la Grèce puisse empêcher l'entrée dans les Dardanelles des dreadnoughts turcs qui pourraient être éventuellement incommodes pour la Russie. Si nous voulons conclure une alliance avec la Turquie, il n'est que temps (3). Nous pourrions autrement avoir contre nous 300.000 Turcs au lieu de les avoir avec nous. Le général Liman commence à douter que la Turquie se... (4) déclare en faveur de l'Allemagne. Les hésitations de l'Autriche vis-à-vis de la Turquie paraissent à mon collègue autrichien comme un raffinement de subtilité.

WANGENHEIM.

------

(1) D'après le déchiffrement.
(2) Remis à Thérapia 3 h. 10 après-midi, parvenu au Ministère des Affaires Etrangères 10 h. 10 soir. Timbre d'enregistrement à l'entrée : 31 juillet après-midi.
(3) Voir nos 320, 441, 508 et 547.
(4) Groupe de chiffres inintelligible.

N° 518
L'Ambassadeur à Londres
au Ministère des Affaires Etrangères (1).

Télégramme 200.

Londres, le 31 juillet 1914 (2).

Sir William Tyrell m'informe que le Gouvernement d'ici

------

(1) D'après le déchiffrement.
(2) Remis à Londres 4 h. 45 après-midi ; parvenu au Ministère des Affaires Etrangères 10 h. 30 soir. Timbre d'enregistrement à l'entrée : 31 juillet après-midi.

n'a encore reçu aucune nouvelle de la mobilisation de toute l'armée et de toute la marine russes et qu'il se mettra immédiatement en communication avec Pétersbourg.

LICHNOWSKY.

N° 519

Le Secrétaire d'Etat des Affaires Etrangères
à l'Ambassadeur à Rome (1).

Télégramme 154.

Rome, le 31 juillet 1914 (2).

Le Roi Carol a dit au comte Waldburg (3) qu'il négociait avec l'Italie en vue de l'envoi éventuel de troupes italiennes par la voie de terre.

Je vous prie, au cas où vous n'y verriez pas d'inconvénients, de vous procurer des détails sur cette suggestion et sur l'accueil qu'elle a trouvé là-bas (4).

JAGOW.

---

(1) D'après la minute de la main de Bergen.
(2) 11 h. 10 soir à l'Office central télégraphique.
(3) Annoncé par le chargé d'affaires à Bucarest par un télégramme adressé de Sinaia le 3o juillet 4 h. 3o après-midi, parvenu au Ministère des Affaires Etrangères 9 h. 5o soir.
(4) Voir n° 55o.

N° 520

Le Ministre à Stockholm
au Ministère des Affaires Etrangères (1).

Télégramme 31.

Stockholm. le 31 juillet 1914 (2).

Pour pouvoir travailler au but à atteindre, il serait important pour moi et pour l'attaché militaire d'apprendre si, et

---

(1) D'après le déchiffrement.
(2) Remis à Stockholm 5 h. 10 après-midi, parvenu au Ministère des Affaires Etrangères 11 h. 35 soir. Timbre d'enregistrement à l'entrée :

dans quelle mesure, la direction militaire songe à la coopération de la Suède au cas où l'on pourrait l'obtenir.

Reichenau.

---

31 juillet après-midi. Communiqué le 1er août à l'Etat-Major général, au Ministère de la Guerre, à l'Etat-Major de la Marine et au Ministère de la Marine.

N° 521
L'Ambassadeur à Pétersbourg
au Ministère des Affaires Etrangères (1).

Télégramme 202.

Pétersbourg, le 31 juillet 1914 (2).

L'attaché militaire envoie l'information suivante pour l'Etat-Major général :

Par les légations étrangères on obtient (3) des milieux militaires russes les informations suivantes sur les projets militaires :

Cinq armées sont mises sur pied. La première et la seconde armées dans les provinces de la Baltique probablement jusqu'à Grodno inclusivement. La troisième, à Varsovie et dans l'est. La quatrième et la cinquième armées contre l'Autriche. La première et la troisième armées comprendront trois à cinq corps d'armée, la quatrième et la cinquième armées cinq corps d'armée. La première et la deuxième armées défensives, la troisième tiendra compte des circonstances, la quatrième et la cinquième offensives. Si Pétersbourg parait en sécurité, l'armée du nord ne se livrera pas à une défensive tenace, mais à une lente retraite comme en 1812.

La Finlande restera abandonnée à elle-même, probablement avec le 22me corps d'armée, général en chef Iwanow (4).

---

(1) D'après le déchiffrement.
(2) Remis à Pétersbourg 7 h. soir, parvenu au Ministère des Affaires Etrangères 11 h. 35 soir. Timbre d'enregistrement à l'entrée : 1er août 1914 matin.
(3) *Sic* dans le déchiffrement, au lieu de « il transpire ».
(4) Voir n° 552, Cf. par contre n° 551.

Dès le 29 il a été décidé que l'Empereur assistera à la marche de l'armée du sud. On apprend que des parties de la 2ᵐᵉ division d'infanterie de la Garde ont déjà été dirigées sur la Courlande.

Beaucoup de cavaliers de la Garde ont été incorporés dans d'autres régiments de cavalerie.

POURTALÈS.

N° 522
Procès-verbal
du Secrétaire d'Etat des Affaires Etrangères (1).

Berlin, le 31 juillet 1914 (2).

L'Angleterre demande si nous voulons nous engager à respecter la neutralité de la Belgique aussi longtemps qu'aucune autre puissance n'y portera atteinte. L'Angleterre a posé à Paris la même question. En raison des traités existants il est nécessaire pour l'Angleterre de le savoir.

(1) De la main de Jagow.

(2) Timbre d'enregistrement à l'entrée du Ministère des Affaires Etrangères : 1ᵉʳ août après-midi. Question et réponse toutes deux du 31 juillet; voir Livre Bleu anglais nᵒˢ 114 et 122 (le dernier numéro est parvenu à Londres le 1ᵉʳ août).

N° 523
Le Ministre à Belgrade (en ce moment à Nisch) au Ministère des Affaires Etrangères (1).

Télégramme 44.

Nisch, le 31 juillet 1914.

Vu les nouvelles répandues ici de la mobilisation russe et de la lenteur de l'action de l'Autriche-Hongrie, dont tout le monde s'étonne ici, l'opinion commence à se relever nota-

(1) Copie tirée des Archives de la légation à Belgrade. Le télégramme n'est pas parvenu au Ministère des Affaires Etrangères.

blement dans l'armée et le peuple. Les officiers serbes prétendent que leur mobilisation sera terminée aujourd'hui.

De Belgrade on annonce que 500 fugitifs ont trouvé asile dans notre légation et dans la légation d'Autriche-Hongrie. Jusqu'ici tout va bien. Les Autrichiens continuent à bombarder avec de longues interruptions.

Griesinger.

N° 524

Le Grand Etat-Major général au Ministère des Affaires Etrangères (1).

Strictement confidentiel.
Ecrit par un officier. Berlin, le 31 juillet 1914 (2).

5ᵉ Communication (3).

NOUVELLES JUSQU'AU 31 JUILLET 4 HEURES APRÈS-MIDI.

« L'état de menace de guerre » a été déclaré aujourd'hui.

AUTRICHE

La mobilisation se déroule normalement. L'opinion du peuple (de toutes nationalités) est excellente. — On connaît les commandants d'armées et les chefs des états-majors généraux des armées qui doivent opérer contre la Serbie :

1. Général d'Infanterie chevalier de Frank, chef d'état-major : général v. Csicserics.

2. Général de Cavalerie de Böhm-Ermolli, chef d'état-major ; général v. Mecesenseffi.

3. Feldzeugmeister Potiorek, chef d'état-major : général v. Boltz.

---

(1) D'après une polycopie envoyée par l'Etat-Major général.

(2) Timbre d'enregistrement à l'entrée : 31 juillet après-midi. A été soumis à Zimmermann, Jagow et au Chancelier de l'Empire et a été renvoyé par les deux premiers le 31 juillet et par le Chancelier de l'Empire le 1ᵉʳ août

(3 Pour la troisième communication (rapport) en date du 29 juillet, voir n° 372. La quatrième communication du 30 juillet n'est parvenue que le 1ᵉʳ août dans les Archives du Ministère des Affaires Etrangères, mais on ne l'a pas reproduite parce qu'elle n'était plus à jour.

A Neusatz on a organisé une station d'aviateurs.

La mobilisation de toute l'armée austro-hongroise est ordonnée aujourd'hui (31 juillet).

Du théâtre de la guerre on annonce : le pont de Semlin est encore praticable pour des piétons. Des passerelles à Gradichte, Semendria, Belgrade et Prhovo.

SERBIE

L'armée serbe paraît consister en onze divisions dont l'une est à Posarevatz, l'autre est derrière la ligne Krschna-Lasarevatz, une est à Valjevo, une dans le Sandjak, les postes avancés au sud-est de Foca, sept à Kragujevatz-Krusevatz. Comme commandants d'armée on nomme les généraux Misitsch, Steph. Stephanowitch, Bojanowitch, Popowitch. Le IVᵉ corps d'armée autrichien annonce que 60.000 Russes doivent être amenés aux Serbes à travers la Roumanie par Negotin (il s'agit peut-être simplement de Serbes tenus aux obligations du service militaire). Le ministre annonce que le manque de fusils se fait sentir.

MONTÉNÉGRO

N'a pas encore pris de décision.

GRÈCE, ROUMANIE

Rien de nouveau.

BULGARIE

Une feuille du parti de Gechow invite la Bulgarie à se faire payer sa neutralité par les Serbes en exigeant une compensation. Des bruits se répandent d'une alliance entre la Bulgarie et la Turquie.

TURQUIE

Voir Bulgarie.

BELGIQUE

La mobilisation continue ; on travaille à l'armement des forts de Liège. Au viaduc de la Vesdre et au tunnel de Dolhain on fait des préparatifs en vue de les faire sauter. La division de cavalerie belge n'a pas des effectifs très élevés. Il semble qu'il y ait un traité d'alliance avec la France.

HOLLANDE

Rien de nouveau.

FRANCE

L'opinion est plus ferme. A Nancy il y a eu une ruée sur la banque. La flotte à Toulon se tient prête, équipages au complet, avec l'escadre de réserve. Les Sociétés maritimes de transports de la Méditerranée ont reçu l'ordre de se préparer au transport des troupes d'Algérie en France. — A la frontière, l'activité a augmenté, sans qu'on ait organisé la protection de la frontière. La surveillance de la circulation aux frontières est renforcée. Les automobiles ne sont plus admises. Le matériel de chemin de fer vide a été renvoyé en arrière jusqu'à la ligne Paris-Rouen. — Sur le front est à Verdun on travaille à la construction et à l'armement d'une position avancée au pied des Côtes de Meuse entre la ligne Verdun-Metz et la chaussée Verdun-Manheulles dans la ligne Eix-Moulainville-Châtillon sous les Côtes. L'ouvrage de la Laufée (front est) est renforcé. Au Grand Mont d'Amance au nord-est de Nancy on commence des travaux de maçonnerie. A Briey il y a un parc d'aviation, le 8e chasseurs protège les ponts près d'Audun et de Villerupt. Les bataillons de chasseurs de la frontière semblent avoir reçu des réservistes, les compagnies sont fortes de 250 à 280 hommes, il semble qu'on ait augmenté sans bruit les troupes de couverture.

ANGLETERRE

Fait grand état de ses obligations et de ses intérêts (sûreté de l'Inde, intérêts des possessions d'outre-mer). Partout on prend des préparatifs et des mesures de précaution importantes. Le service de vapeurs entre l'Angleterre et Hoek de Hollande serait interrompu, pour ne pas troubler les mesures de l'Amirauté. Les gardes-côtes doivent être appelés. A Gibraltar on a pris des mesures de défense. A Malte d'actifs armements. Dans l'Union sud-africaine on a contremandé les manœuvres. La 1re flotte semble s'être rassemblée en ordre de marche contre l'Allemagne à Hull-Grimsby.

ITALIE

L'Etat-Major général fait des préparatifs de mobilisation. L'escadre de navires-écoles a été rappelée de la côte anglaise. Toute la flotte (in completo armamento) se réunit près de Tarente. « L'Avanti » annonce que la mobilisation est imminente. La Bourse ne montre pas d'oscillations notables. « La Tribuna » affirme toutefois de nouveau que l'Italie sera fidèle à ses obligations d'alliance.

SUÈDE

L'hostilité contre la Russie s'accroît.

DANEMARK

On entend des voix d'après lesquelles le Danemark mobiliserait après la première défaite allemande.

NORVÈGE, ESPAGNE

Rien de nouveau.

RUSSIE

Contrairement aux assurances du Gouvernement russe, la mobilisation a été ordonnée également dans les districts frontières avoisinant l'Allemagne. Les gardes-frontières ont été partout concentrés conformément au plan de mobilisation. Les divisions de cavalerie russes peuvent, comme la « période de préparatifs de guerre » a duré plusieurs jours, être déjà prêtes à faire irruption. Voir l'annexe I des « instructions pour couvrir la marche. » La concentration des divisions de cavalerie semble, comme on le supposait, « la première mesure » ; les détachements d'infanterie comme soutien. Il se trouve de fortes troupes d'infanterie derrière la ligne Lomza-Augustow-Wirballen. Les nouvelles n'indiquent qu'une faible garnison et occupation de Varsovie, Nowo-Georgiewsk, Ostrolenka. La protection des voies conduisant de Varsovie à l'ouest et au sud-ouest ne sera probablement maintenue que jusqu'à la fin de la mobilisation. — La garnison de Kalisch (3e tirailleurs) a été transférée dans la direction de Lodz. La 13e division de cavalerie semble réunie autour de Sieradz. — La 14e division de cavalerie se concentre aux environs de Czenstochau-

Myszkow. — On a fait sauter les ponts à l'est de Myslowitz sur la Prezemza et près de Granica. Le matériel roulant au sud-ouest de la Vistule a été retiré derrière la Vistule. Des nouvelles du transport des troupes de Bakou dans l'intérieur nous parviennent de Turquie. — La flotte est à Helsingfors. Un nouveau dreadnought a échoué devant Hango et semble avoir été fortement avarié. Tous les torpilleurs et les sous-marins ainsi que les hydravions ont quitté Libau.

von Bartenwerffer,
Major.

N° 525
Le Ministre à Stockholm
au Ministère des Affaires Etrangères (1).

Télégramme 32.

Stockholm, le 31 juillet, 1914 (2).

D'après la communication de M. Wallenberg; le Danemark publiera demain une déclaration de neutralité. La Norvège pour la sienne attendra la Suède.

Reichenau.

(1) D'après le déchiffrement.
(2) Remis à Stockholm le 31 juillet 5 h. 45 après-midi, parvenu au Ministère des Affaires Etrangères le 1er août 12 h. 30 matin. Le déchiffrement a été soumis à l'Empereur et rendu par lui le 1er août.

N° 526
Le Ministre à Stockholm
au Ministère des Affaires Étrangères (1).

Télégramme 30.

Stockholm, le 31 juillet 1914 (2).

L'agence Reuter répand des télégrammes insidieux d'après lesquels le maintien de la paix du monde dépendrait exclusivement de la bonne volonté de l'Allemagne. Je crois nécessaire

(1) D'après le déchiffrement.
(2) Remis à Stockholm, le 31 juillet à 5 h. 10 après-midi, parvenu au Ministère des Affaires Etrangères 1er août 12 h. 30 matin. Timbre d'enregistrement à l'entrée : 1er août matin. Annotation marginale de Riezler du 1er août : « On a donné des instructions à Wolff ».

que l'Office télégraphique de Wolff travaille contre ces tendances de l'opinion en fournissant au Bureau télégraphique Svenska et autres agences télégraphiques du Nord, des dépêches mettant clairement en lumière la responsabilité de l'Angleterre et de la Russie.

Reichenau.

N° 527

L'Ambassadeur à Pétersbourg
au Ministère des Affaires Étrangères (1).

Télégramme 206.

Pétersbourg, le 31 juillet 1914 (2).

Après que Sasonow m'eut formulé hier, la demande russe, de plus amples négociations n'offrant aucunes perspectives de succès, j'ai exposé notre point de vue par écrit dans le résumé suivant :

« Pour prouver son esprit pacifique ainsi que ses dispositions amicales envers la Russie et se rendant compte de la position difficile dans laquelle se trouve cette dernière en face de l'action de l'Autriche contre la Serbie, le Gouvernement allemand a engagé le Cabinet de Vienne à donner au Cabinet de St. Pétersbourg l'assurance qu'il n'a pas l'intention de toucher à l'intégrité territoriale de la Serbie ni de léser les intérêts légitimes de la Russie. C'est à la suite du conseil donné par l'Allemagne à Vienne que l'Autriche a fait une déclaration qui, d'après l'avis du Gouvernement allemand, doit suffire pour la Russie.

« Une pareille déclaration par laquelle une grande Puissance, qui se trouve en état de guerre, se lie d'avance les mains pour la conclusion de la paix, doit être considérée

---

(1) D'après le déchiffrement.

(2) Remis à Pétersbourg le 31 juillet 9 h. 35 soir, parvenu au Ministère des Affaires Etrangères le 1er août 12 h. 3o matin. Timbre d'enregistrement à l'entrée : 1er août matin Le déchiffrement a été soumis à l'Empereur et rendu par lui au Ministère le 1er août. Le télégramme de Pourtalès a été communiqué par Zimmermann le 1er août à l'ambassadeur à Londres ; 5 heures après-midi à l'Office central télégraphique.

comme une très grande concession et comme une preuve d'esprit de conciliation.

« La Russie doit se rendre compte qu'en voulant amener l'Autriche à aller au-delà de cette déclaration, elle lui demande de faire une chose qui n'est plus compatible avec sa dignité et son prestige de grande Puissance. Tout en reprochant à l'Autriche d'empiéter sur les droits de souveraineté de la Serbie, elle veut elle-même porter atteinte au même droit de l'Autriche.

« Le Gouvernement russe ne devrait pas perdre de vue que le prestige de l'Autriche-Hongrie comme grande Puissance est en même temps un intérêt allemand, et que l'on ne peut pas exiger de l'Allemagne d'agir sur l'Autriche dans un sens contraire à ses propres intérêts.

« Dans ces conditions, si la Russie insiste sur ses demandes et refuse à reconnaître dans l'intérêt de la paix européenne la nécessité absolue de localiser le conflit austro-serbe, elle doit en même temps se rendre compte de l'extrême gravité (3) de la situation » (4).

POURTALÈS.

(3) Le déchiffrement avait donné «... ité », inintelligible. Jagow l'a complété conformément au sens en mettant « gravité ».

(4) Ce résumé est en français dans le texte (Note du Traducteur).

N° 528

**L'Ambassadeur à Paris
au Ministère des Affaires Étrangères (1).**

Télégramme 237.

Paris, le 31 juillet 1914 (2).

J'ai posé la question à 7 heures (3).

Le Président du Conseil des Ministres m'a dit qu'il n'avait

(1) D'après le déchiffrement.

(2) Remis à Paris le 31 juillet 8 h. 17 soir, parvenu au Ministère des Affaires Etrangères le 1er août 12 h. 30 matin. Timbre d'enregistrement à l'entrée : 1er août. Le déchiffrement a été soumis à l'Empereur et rendu par lui le 1er août. Communiqué le 1er août à l'Etat-Major général, au Ministère de la Guerre, à l'Etat-Major de la Marine et au Ministère de la Marine.

(3) Voir nos 491, 571 et Livre Jaune français, n° 117. Voir aussi n° 543.

aucune nouvelle d'une mobilisation générale russe, mais seulement de mesures de précaution. Il ne voulait par conséquent pas abandonner tout espoir d'éviter les mesures extrêmes. Il a promis une réponse sur la question de la neutralité pour demain à 1 heure au plus tard (4).

Schœn.

---

(4) Expiration du délai de 18 heures.

Nº 529

**Le Chancelier de l'Empire
à l'Ambassadeur à Londres (1).**

Télégramme 200.

Berlin, le 31 juillet 1914 (2).

Ce sera la tâche de Votre Excellence de faire comprendre là-bas que notre situation géographique et militaire ne nous laissait pas de choix autre que de répondre à la mobilisation de la Russie en déclarant l'état de menace de guerre qui sera suivi de la mobilisation si la Russie n'arrête pas immédiatement ses mesures militaires (3). Nous ne pouvions pas attendre tranquillement que des vues plus calmes se manifestassent à Saint-Pétersbourg, pendant qu'en même temps la mobilisation russe était en plein cours, de sorte que nous aurions le cas échéant été placés dans une infériorité militaire complète. Si la Russie exécute sa mobilisation sans que nous mobilisions de notre côté, la Prusse Orientale, la Prusse Occidentale et peut-être aussi Posen et la Silésie sont laissées sans défense exposées à une attaque russe (4). Le

---

(1) D'après la minute. Projet de la main de Stumm avec des modifications et des additions du Chancelier de l'Empire.

(2) A l'Office central télégraphique le 1er août 1 h. 50 matin.

(3) La phrase : « qui sera suivi de la mobilisation... ses mesures militaires » a été ajoutée par le Chancelier.

(4) « Si la Russie exécute... exposées à une attaque russe » été substituée par le Chancelier de l'Empire à la phrase originale de Stumm : « Ainsi par exemple notre province de la Prusse orientale serait livrée sans espoir de salut à la conquête russe, si nous ne prenions pas immédiatement les mesures de sécurité les plus sérieuses. » (Stumm avait mis « sécurité » à la place du mot primitif « préparation »).

Tsar a déclaré dans son dernier télégramme à Sa Majesté qu'il s'abstiendra de toute « provocative action » (5). Cela ne manquera pas de faire impression en Angleterre lorsque cette déclaration sera connue, mais elle n'est pas exacte. Une armée russe mobilisée à nos frontières, sans que nous ayions mobilisé, même sans « provocative action », est pour nous un danger vital. La provocation dont la Russie s'est rendue coupable en mobilisant contre nous à un moment où, à sa prière, nous agissions comme médiateurs à Vienne, est du reste tellement forte qu'aucun Allemand ne comprendrait que nous n'y répondions pas par des mesures énergiques (6).

Bethmann Hollweg.

---

(5) Voir n⁰ 487.

(6) Le passage « mais elle n'est pas exacte... par des mesures énergiques » a été substitué par le Chancelier de l'Empire à la rédaction primitive de Stumm : « Accepter tranquillement une pareille déclaration, même si elle a été de bonne foi, est impossible pour des motifs militaires et techniques, et serait une légèreté impardonnable de la part des autorités responsables de la sécurité de l'Empire. »

N° 530

L'Empereur au Roi d'Italie (1).

Télégramme (sans numéro).

[Berlin, le 31 juillet 1914] (2).

A Sa Majesté le Roi d'Italie,

Rome.

Pendant que tous mes efforts tendaient à faire le médiateur entre l'Autriche-Hongrie et la Russie et que j'échangeais encore des télégrammes à ce sujet avec l'Empereur Nicolas,

---

(1) D'après le projet dactylographié qui a été soumis à la signature de l'Empereur avec une lettre d'envoi du Chancelier de l'Empire le 31 juillet. L'Empereur sur la lettre d'envoi a consigné la date du « 31. VII. 1914. G. ». Le projet de la lettre d'envoi est de la main de Bergen avec des additions de la main de Jagow.

(2) Le télégramme impérial a été, conformément à une décision du Chancelier du 31 juillet transmis en chiffres à Flotow pour le communiquer au Roi. Le télégramme du Chancelier de l'Empire à l'ambassadeur, du 31 juillet (projet de la main de Langwerth) remis le 1ᵉʳ août 1 h. 55 matin à l'Office central télégraphique était ainsi conçu : « Je vous prie de remettre

la Russie a mobilisé son armée et sa flotte entières et, de ce fait, menacé l'Allemagne. Pour sauvegarder la sécurité de l'Empire, j'ai été forcé de déclarer à la Russie que je me voyais obligé de proclamer aussi la mobilisation, à moins que la Russie ne révoquât toutes les mesures prises contre moi et mon allié, l'Autriche-Hongrie (3). La guerre avec la Russie me paraît imminente et inévitable. Je viens de faire poser à Paris la question, si la France, dans une guerre russo-allemande, voulait rester neutre (4). La réponse, malheureusement, ne peut pas être douteuse.

En ce moment suprême, me rappelant la cordialité des rapports d'amitié et d'alliance qui existent entre nous et nos deux pays, mes pensées s'adressent à Toi dans une entière confiance (5-6).

Ton frère et allié,
GUILLAUME.

---

immédiatement le télégramme suivant à Sa Majesté le Roi. Accusez-moi réception télégraphiquement. » L'accusé de réception télégraphique de Flotow a été remis à Rome le 1er août 10 h. soir, et est parvenue au Ministère des Affaires Etrangères le 2 août 5 h. 25 matin (Timbre d'enregistrement à l'entrée : 2 août matin).

(3) Voir n° 490.
(4) Voir n° 491.
(5) Pour la réponse voir n° 755.
(6) L'original de ce document est en français (Note du Traducteur).

N° 531

Le Conseiller d'Ambassade
de l'Ambassade à Pétersbourg
au Ministère des Affaires Étrangères (1).

Télégramme 208.

Pétersbourg, le 31 juillet 1914 (2).

L'attaché militaire informe l'Etat-Major général de ce qui suit :

---

(1) D'après le déchiffrement.
(2) Remis à Pétersbourg le 1er août 1 h. 10 matin, parvenu au Ministère des Affaires Etrangères 3 h. 5 matin. Timbre d'enregistrement à l'entrée : 1er août matin. Communiqué le 1er août à l'Etat-Major général, au Ministère de la Guerre, à l'Etat Major de la Marine et au Ministère de la Marine.

L'ordre de mobilisation n'indique pas les classes à appeler. On ne peut savoir encore quelles seront les classes qui seront maintenues sous les drapeaux, mais il est établi que même les territoriaux doivent se présenter aux autorités. A Kiew huit classes de réserve seraient maintenues sous les drapeaux.

Le commandant de place de Pétersbourg demande par des affiches des travailleurs et des charpentiers rémunérés par de gros salaires pour des travaux de terrassement et de déboisement. Il s'agit manifestement des fortifications provisoires de la capitale. 56.000 ouvriers seront nécessaires à cet effet. A Kolomjagi immédiatement au nord de cette ville les travaux ont déjà commencé. Des salaires élevés et l'entretien aux frais de l'Etat manifestent l'intention de détourner des grèves les masses ouvrières.

Mutius.

N° 532

Le Ministre à Copenhague
au Ministère des Affaires Etrangères (1).

Télégramme 41.

Copenhague, le 31 juillet 1914 (2).

M. de Scavenius m'a envoyé le chef de section du Ministère des Affaires Etrangères Kruse, qui, conformément aux instructions du Ministre et en se référant à notre entretien confidentiel d'aujourd'hui, m'a déclaré que le ministre de Danemark à Berlin recevait pour instructions de communiquer au Gouvernement impérial ce qui suit :

« Vu le caractère toujours plus sérieux de la situation, on

---

(1) D'après le déchiffrement.

(2) Remis à Copenhague 1er août 1 h. 20 matin, parvenu au Ministère des Affaires Etrangères 3 h. 20 matin. Timbre d'enregistrement à l'entrée : 1er août matin. Le télégramme a été soumis le 1er août à l'Empereur et a été rendu par lui au Ministère le 1er août ; le télégramme a été immédiatement communiqué à l'Etat-Major général, au Ministère de la Guerre, à l'Etat-Major de la Marine et au Ministère de la Marine.

considère comme nécessaire d'appeler environ 1.400 hommes dans la . flotte et environ 1.300 hommes dans les fortifications de mer. »

Le Ministre faisait ajouter les explications suivantes : cette mesure ne signifiait évidemment pas une mobilisation, toutefois il a voulu m'en informer immédiatement ; la mesure n'avait lieu que pour calmer l'opinion publique qui réclamait des mesures à l'effet d'assurer le maintien de la neutralité. Le Gouvernement considère que c'est le minimum qu'il puisse faire dans ce sens (3).

RANTZAU.

---

(3) En marge l'indication suivante de la main de Jagow sur une communication du ministre de Danemark à Berlin : « Berlin, 1er août 1914 ». Le comte Moltke a fait la même communication et a ajouté : « *L'effectif actuel est très au-dessous des effectifs de paix. Sans* mobilisation l'effectif de paix peut être atteint par la convocation de 10 à 15.000 hommes. Les militaires désirent cette convocation, mais le Gouvernement y est opposé jusqu'à ce qu'intervienne une mobilisation allemande ».

N° 533

Le Consulat général à Gênes
au Ministère des Affaires Etrangères (1).

Télégramme 7.

Gênes, le 1er août 1914 (2).

Le vapeur anglais de la White Star line et les navires de la Compagnie des Indes « Celtic » et « Malda » mouillés dans ce port ont été invités par leurs sociétés à partir le plus rapidement possible et à l'ouest... (3).

HERFF.

---

(1) D'après le déchiffrement.

(2) Remis à Gênes le 1er août 1 h. 5 matin, parvenu au Ministère des Affaires Etrangères 3 h. 20 matin. Timbre d'enregistrement à l'entrée : 1er août matin. Télégramme communiqué le 1er août 9 h. 5 matin, à l'Etat-Major général, au Ministère de la Guerre, à l'Etat-Major de la Marine et au Ministère de la Marine.

(3) Groupe de chiffres inintelligible.

N° 534

L'ambassadeur à Rome
au Ministère des Affaires Etrangères (1).

Télégramme 161.

Rome, le 31 juillet 1914 (2).

Le Gouvernement d'ici dans un Conseil des Ministres qui a eu lieu aujourd'hui a déjà discuté la situation de l'Italie vis-à-vis de la guerre. Le marquis de San Giuliano m'a dit que le Gouvernement italien avait examiné la question à fond et qu'il avait de nouveau (3) abouti à la conclusion que l'action entreprise par l'Autriche contre la Serbie devait être considérée comme agressive et qu'en conséquence le *casus fœderis* aux termes du Traité de la Triple Alliance n'existait pas. Il se déclarerait en conséquence neutre. Comme je combattais énergiquement ce point de vue, le Ministre a déclaré que l'Italie n'avait pas été avisée préalablement de l'action de l'Autriche contre la Serbie, et qu'on pouvait d'autant moins croire qu'elle participerait à la guerre que des intérêts italiens étaient lésés directement par l'action autrichienne. Tout ce qu'il pouvait me dire pour le moment, c'était que le Gouvernement se réservait d'examiner s'il lui serait possible plus tard d'intervenir dans la guerre en faveur des Alliés, si les intérêts italiens étaient suffisamment garantis. Le Ministre, qui se trouvait dans un état de grande surexcitation, ajouta en commentaire que tout le Conseil des Ministres, lui seul

(1) D'après le déchiffrement.

(2) Remis à Rome 31 juillet 11 h. 45 soir, parvenu au Ministère des Affaires Etrangères 1er août 3 h. 55 matin. Timbre d'enregistrement à l'entrée : 1er août matin. Par une décision marginale, Zimmermann a prescrit la prompte communication « citissime » du télégramme de Flotow à l'Etat-Major général, au Ministère de la Guerre, à l'Etat-Major de la Marine et au Ministère de la Marine ; cette communication a eu lieu le 1er août 10 h. 25 matin. Le télégramme de Flotow a été transmis d'urgence le 1er août à l'ambassadeur à Vienne par Jagow après quelques petites modifications et en supprimant le passage : « On ne saurait toutefois méconnaître .. l'avenir de l'Italie ». Jagow qui recopiait la minute y a ajouté : « Je crois de promptes résolutions de l'Autriche absolument nécessaires ». Télégramme de Jagow le 1er août 11 h. soir à l'Office central télégraphique.

(3) Voir n° 419.

excepté, avait montré une vive répugnance contre l'Autriche. Il lui avait été d'autant moins possible de combattre cette attitude que l'Autriche, ainsi que je le savais, persistait d'une façon constante à léser les intérêts italiens, en violant l'article 7 du Traité de la Triple Alliance et en se refusant à garantir l'intégrité et l'indépendance de la Serbie. Il regrettait que le Gouvernement impérial ne fut pas intervenu plus énergiquement pour déterminer l'Autriche à faire preuve d'un esprit de conciliation. J'ai l'impression que tout espoir dans l'avenir ne doit pas encore être abandonné si l'on fait des concessions à ces demandes des Italiens, c'est-à-dire si on leur offre des compensations. On ne saurait toutefois méconnaître que l'attitude anglaise a diminué les probabilités d'une intervention active de l'Italie en notre faveur.

En attendant j'ai signalé au Ministre, de la façon la plus énergique, l'impression très regrettable que provoquerait chez nous cette attitude, et attiré son attention sur les conséquences qui pourraient en résulter pour l'avenir de l'Italie.

FLOTOW.

N° 535
L'Ambassadeur à Pétersbourg
au Ministère des Affaires Étrangères (1).

Télégramme 204.

St-Pétersbourg, le 31 juillet 1914 (2).

Pour Sa Majesté l'Empereur.

J'informe respectueusement Votre Majesté que j'ai été reçu par Sa Majesté l'Empereur Nicolas ce matin dans une audience que je lui avais demandée. J'ai signalé très sérieusement au Tsar l'impression que devait créer chez nous l'ordre de mobilisation de *toute* l'armée et de *toute* la flotte

----

(1) D'après le déchiffrement.

(2) Remis à Pétersbourg le 31 juillet 7 h. 10 soir, parvenu au Ministère des Affaires Etrangères le 1er août à 5 h. 45 matin. Timbre d'enregistrement à l'entrée : 1er août matin. Déchiffrement soumis par le Chancelier de l'Empire à l'Empereur et rendu par lui le 1er août.

russes après toutes les assurances répétées qui nous avaient
été données qu'on n'avait l'intention que de procéder à une
mobilisation des districts militaires situés près de la frontière
autrichienne. J'exprimai la crainte que cette mesure pût
avoir déjà entraîné des conséquences irréparables. Mais avant
tout j'exprimai l'inquiétude que la mobilisation contre l'Allemagne pendant une action de médiation dirigée par Votre
Majesté et qui n'avait pas encore définitivement échoué,
fût considérée par Votre Majesté comme un affront et par
le peuple allemand comme une provocation. Je le priai
d'arrêter, si c'était possible, cette mesure ou de la révoquer.
Sa Majesté répondit que pour des raisons techniques ce
n'était plus possible. Le Tsar me montra un télégramme (3)
qu'il avait envoyé cet après-midi à Votre Majesté et me parla
d'une lettre qu'il avait commencée pour Votre Majesté. Je
lui répondis que je ne savais pas si lettre et télégramme n'arri-
veraient pas maintenant trop tard. Le Tsar essaya de me
prouver que, pour la paix de l'Europe, il était nécessaire que
nous exercions plus d'influence et dans certains cas une
pression sur l'Autriche. Je répondis que l'influence que nous
exercions sur l'Autriche s'était manifestée dans différents
cas pendant la crise des Balkans de l'année dernière et qu'elle
avait été reconnue par la Russie. Mais en ce qui concernait
l'exercice d'une pression il ne pouvait en être question, vu
qu'en raison de notre situation en Europe nous ne pouvions
pas renoncer à l'amitié de l'Autriche. Nous nous étions toujours montrés disposés à une intervention et à une médiation amicales, et le Tsar devait convenir que Votre Majesté
ne se faisait pas faute de faire des efforts dans ce ... (4).

En dépit de mon langage très sérieux, je ne puis malheureusement me défendre de l'impression que Sa Majesté n'a
pas encore conscience de la gravité de la situation. Toutefois
le Tsar m'a congédié de la façon la plus gracieuse et m'a
remercié de la franchise de mon langage.

---

(3) Voir n° 480.

(4) Groupe de chiffres inintelligible. D'après la minute se trouvant aux
Archives de l'ambassade d'Allemagne à Pétersbourg on peut lire : « dans ce
sens ».

Doc. III.   4

Après l'audience j'ai encore vu le comte Fredericks qui se rend parfaitement compte de la gravité de la situation. Je lui ai exposé notre point de vue contre lequel il n'a pas su faire beaucoup d'objections et je lui ai exprimé mon inquiétude au sujet de l'impression que produirait en Allemagne l'ordre de mobilisation. Le comte Fredericks a manifestement conseillé le télégramme adressé aujourd'hui par le Tsar à Votre Majesté. Certaines allusions du Ministre de la Maison Impériale me font supposer que ce sont le Ministre de la Guerre et le Ministre de l'Intérieur qui ont fait prévaloir l'ordre de mobilisation. Le premier est dominé par la crainte d'être surpris. Le second a persuadé l'Empereur que la situation intérieure obligeait à une décision.

Votre fidèle sujet,
POURTALÈS.

N° 536

L'Ambassadeur à Pétersbourg
au Ministère des Affaires Etrangères (1).

Télégramme 209.

Saint-Pétersbourg, le 1ᵉʳ août 1914 (2).

Je viens d'exécuter mes instructions à minuit (3). M. Sasonow invoqua encore l'impossibilité technique d'arrêter les mesures de guerre et essaya de nouveau (4) de me persuader que nous exagérions l'importance de la mobilisation russe qui ne pouvait se comparer à la nôtre. Il m'a de nouveau prié avec insistance de signaler à Votre Excellence que l'engagement pris par le Tsar sur sa parole d'honneur dans la dépêche d'aujourd'hui de Sa Majesté l'Empereur Nico-

---

(1) D'après une copie reconstituée au Ministère des Affaires Etrangères à l'aide des Archives de l'ambassade à Pétersbourg.

(2) Remis à Pétersbourg le 1ᵉʳ août à 1 heure matin ; le moment de l'arrivée n'est pas indiqué. Timbre d'enregistrement à l'entrée du Ministère des Affaires Etrangères : 1ᵉʳ août matin. Déchiffrement soumis à l'Empereur.

(3) Voir n° 49o.

(4) Voir n° 343.

las (5) à Sa Majesté l'Empereur et Roi devait nous tranquilliser sur les intentions de la Russie. Je lui ai répondu que le Tsar ne s'engageait nullement à s'abstenir en toutes circonstances d'une action militaire, mais seulement aussi longtemps qu'il y aurait encore des perspectives de résoudre le différend austro-russe au sujet de la Serbie. J'ai posé directement au Ministre la question de savoir s'il pouvait me garantir que la Russie, même au cas où elle n'arriverait pas à s'entendre avec l'Autriche, était résolue à maintenir la paix. Le Ministre n'a pas pu faire une réponse affirmative à cette question. Dans ce cas, répondis je, on ne saurait nous reprocher de ne pas être disposés à laisser la Russie prendre une avance plus considérable dans la mobilisation.

POURTALÈS.

---

(5) Voir n° 487.

N° 537
L'Ambassadeur à Londres
au Ministère des Affaires Etrangères (1).

Télégramme 203.

Londres, le 1er août 1914 (2).

Réponse au télégramme 199 (3).

J'apprends à l'instant (2 heures du matin) du secrétaire particulier du Premier Ministre, à la connaissance duquel j'avais fait porter par Sir William Tyrell, le télégramme ci-dessus que le Roi George en a fait parvenir immédiatement le contenu au Tsar avec une lettre d'envoi (4).

LICHNOWSKY.

---

(1) D'après le déchiffrement.
(2) Remis à Londres 3 h. 50 matin, parvenu au Ministère des Affaires Etrangères 6 h. 7 matin, timbre d'enregistrement à l'entrée : 1er août matin.
(3) Voir n° 513.
(4) Cf. n° 574 phrase finale.

N° 538
Le Chargé d'affaires à Athènes
au Ministère des Affaires Etrangères (1).

Télégramme 228.

Athènes, le 31 juillet 1914 (2).

Comme les déclarations du ministre de Bulgarie annoncées dans le télégramme 220 (3) n'avaient été comprises par le Gouvernement et par la presse que comme des déclarations personnelles du ministre, ce dernier a dit hier au Ministre des Affaires Etrangères qu'il avait été chargé par son Gouvernement de déclarer officiellement :

« Que la Bulgarie gardera la neutralité » (4).

Cette déclaration n'a pas fait l'objet d'une plus ample discussion. M. Streit est toutefois d'avis qu'elle ne vise que la guerre austro-serbe.

Comme me l'a dit confidentiellement le Ministre, il a reçu de divers côtés des informations d'après lesquelles la Bulgarie organiserait des bandes près des frontières de la Nouvelle Serbie et de la Grèce.

BASSEWITZ.

(1) D'après le déchiffrement.
(2) Remis à Athènes le 31 juillet 9 heures soir, parvenu au Ministère des Affaires Etrangères le 1er août 6 h. 32 matin. Timbre d'enregistrement à l'entrée : 1er août matin.
(3) Voir n°s 336 et 381.
(4) En français dans le texte (Note du Traducteur).

N° 539
L'Ambassadeur à Pétersbourg au Comte Fredericks,
Ministre de la Maison Impériale russe (1).

Ce samedi matin à 7 1/2 heures (1).

Mon Cher Comte !

Je profite de l'aimable autorisation que Vous avez bien

(1) D'après une copie se trouvant aux Archives de l'ambassade d'Allemagne à Pétersbourg. Sur une feuille annexée est consignée l'observation :

voulu me donner de m'adresser à Vous en cas de besoin. Ce que j'ai prévu est arrivé.

La mobilisation de *toute* l'armée russe a fait à Berlin la plus fâcheuse impression. On ne conçoit pas que cet ordre ait pu être donné pendant que la médiation de mon Souverain continuait et n'avait pas encore échoué. N'oubliez pas qu'il n'y a que peu de jours qu'on nous a déclaré d'une façon formelle qu'on ne mobiliserait que sur la frontière Autrichienne et pas sur la frontière Allemande (2). La situation est donc devenue *extrêmement* grave et je cherche partout des moyens pour empêcher un malheur. Car une guerre serait un énorme danger pour *toutes les monarchies.* J'ai reçu l'ordre cette nuit de dire immédiatement à M. Sasonow que nous ne mobilisons pas encore, mais que, si *jusqu'à midi aujourd'hui* (3) la Russie ne nous déclare pas positivement qu'elle arrête ses préparatifs de guerre *contre nous et l'Autriche,* l'ordre de mobilisation sera donné aujourd'hui. Vous saurez ce que chez nous cela veut dire. Nous ne pouvons pas nous cacher que dans ce cas nous sommes à deux doigts de la guerre, d'une guerre que ni Vous ni nous désirons. Je sais à quel point il est difficile d'arrêter la machine mise en branle. Mais l'Empereur de Russie peut tout faire dans cet ordre d'idée. Je Vous *supplie,* faites ce que Vous pouvez pour arrêter un malheur.

Votre très sincèrement dévoué et profondément affligé

POURTALÈS (4).

« Une lettre du Comte de Pourtalès adressée au Comte de Fredericks a été remise le 19 juillet, 1er août 1914 à 10 h. 1/2. Comte Fredericks. » La lettre (après le changement de la première personne à la troisième personne) a été lue le 1er août par le conseiller d'ambassade von Mutius à M. Kriwoschein, Ministre russe de l'Agriculture.

(2) Voir nos 343 et 370.

(3) Voir n° 490.

(4) Reproduction littérale de l'original en français (Note du Traducteur).

N° 540
Le Ministre à Bruxelles
au Chancelier de l'Empire (1).

Bruxelles, le 30 juillet 1914 (2).

Vu la situation politique, le Gouvernement a ordonné la convocation des trois dernières classes de la réserve. D'autre part, différents détachements de troupes qui se trouvaient hors de leurs garnisons dans des camps d'exercice ont été renvoyés dans leur garnison par des trains spéciaux.

Ces mesures doivent être attribuées à différentes délibérations que le Roi, qui a renoncé à son séjour à Ostende et qui est revenu à Laeken, a eues avec le Ministre de la Guerre et les autres membres du Cabinet. L'officieux « Journal de Bruxelles » fait observer que la convocation de trois classes a mis l'armée sur le pied de paix renforcée et que ces mesures ont été exclusivement des mesures de précaution. Il n'avait pas été question jusqu'ici de mobilisation, mais ce n'était qu'un moyen de la rendre plus facile si cette mesure devenait nécessaire.

Dans l'intention de calmer l'opinion publique, le journal ajoute qu'il n'y a pour l'instant aucune raison de croire que la terreur d'une guerre possible pourrait se répandre en Belgique. La confiance publique aussi bien dans la garantie des puissances que dans la force de l'armée était trop forte, et l'on pouvait par conséquent attendre tranquillement le cours des événements. v. BELOW.

____

(1) D'après l'expédition.

(2) Timbre d'enregistrement à l'entrée du Ministère des Affaires Etrangères : 1er août matin.

N° 540 a.
Note du Chancelier de l'Empire (1)

[Berlin, le 1er août 1914].

Sa Majesté a approuvé le texte des déclarations de guerre. v. B. H. 1/8.

____

(1) D'après la note du Chancelier de l'Empire. Ajouté sur une feuille séparée à l'ultimatum à la France du 31 juillet (n° 491).

N° 541

Le Secrétaire d'Etat des Affaires Etrangères
à l'Ambassadeur à Rome (1).

Télégramme 156.

Urgent. Berlin, le 1er août 1914 (2).

D'après des nouvelles de Vienne. le comte Berchtold et le duc d'Avarna en présence de M. de Tschirschky ont cherché à s'entendre sur l'interprétation de l'article VII. Je vous prie d'en faire part immédiatement au marquis de San Giuliano, car j'ai lieu de supposer que ce fait modifiera l'attitude du Gouvernement italien.

JAGOW.

_____

(1) D'après la minute. Projet de la main de Bergen en annexe au procès-verbal n° 556 qui aurait été fait antérieurement.

(2) 12 h. 10 après-midi à l'Office central télégraphique.

N° 542

Le Secrétaire d'Etat des Affaires Etrangères
à l'Ambassadeur à Pétersbourg (1).

Télégramme 159.

Urgent. Berlin, le 1er août 1914 (2).

Au cas où le Gouvernement russe ne ferait pas de réponse satisfaisante à notre demande, je prie Votre Excellence de vouloir bien lui (3) remettre aujourd'hui après-midi à 5 heures, heure de l'Europe centrale, la déclaration suivante :

« Le Gouvernement Impérial s'est efforcé dès les débuts

_____

(1) D'après la minute. La partie allemande du projet est de la main de Rosenberg en date du 31 juillet, puis des additions du Chancelier et le dernier paragraphe de la main de Jagow.

(2) A l'Office central télégraphique 1er août 12 h. 52 après-midi. Cf. Livre Blanc allemand de mai 1915, p. 36, n° 25.

(3) Entre : « lui remettre... la déclaration suivante » il y avait à l'origine le texte suivant : « immédiatement après l'expiration du délai, mais au plus tard aujourd'hui après midi à 5 heures. » Là-dessus les mots : « après... mais » ont été rayés; les mots : « au plus tard... heures » ont été d'abord mis entre crochets mais les crochets ont été de nouveau rayés. Les

de la crise de la mener à une solution pacifique. Se rendant à un désir qui Lui en avait été exprimé par Sa Majesté l'Empereur de Russie, Sa Majesté l'Empereur d'Allemagne, d'accord avec l'Angleterre, S'était appliqué à accomplir un rôle médiateur auprès des Cabinets de Vienne et de St-Pétersbourg, lorsque la Russie, sans en attendre le résultat, procéda à la mobilisation de la totalité de ses forces de terre et de mer.

A la suite de cette mesure menaçante, motivée par aucun préparatif (4) militaire de la part de l'Allemagne, l'Empire Allemand se trouva vis-à-vis d'un danger grave et imminent. Si le Gouvernement Impérial eût manqué de parer à ce péril, il aurait compromis la sécurité et l'existence même de l'Allemagne. Par conséquent, le Gouvernement Allemand se vit forcé de s'adresser au Gouvernement de Sa Majesté l'Empereur de toutes les Russies en insistant sur la cessation des dits actes militaires. La Russie

$$\frac{\text{ayant refusé de faire droit (5)}}{\text{n'ayant pas cru devoir répondre}}$$ à cette demande et ayant

manifesté par $\frac{\text{ce refus (5)}}{\text{cette attitude}}$ que son action était dirigée contre l'Allemagne, j'ai l'honneur, d'ordre de mon Gouvernement, de faire savoir à Votre Excellence ce qui suit :

« Sa Majesté l'Empereur, mon Auguste Souverain, au nom de l'Empire, relève le défi et Se considère en état de guerre avec la Russie » (6).

---

mots « heure de l'Europe centrale » ont été ajoutés par le Chancelier. Quant aux motifs de l'absence de fixation de délai qu'on projetait tout d'abord Cf. l'observation marginale sur un projet d'une déclaration de guerre à la France non envoyé (Nᵒ 6o8).

(4) Au lieu de « préparatif » dans le déchiffrement à l'ambassade de Pétersbourg (Archives de l'ambassade d'Allemagne à Pétersbourg) on avait déchiffré « présage ». De même dans le Livre Orange russe nᵒ 76.

(5) Dans ces passages, le texte, dans sa double rédaction, a été télégraphié à Pétersbourg, ainsi qu'on peut le voir dans le déchiffrement dans les Archives de l'ambassade d'Allemagne à Pétersbourg, et il a été aussi remis par Pourtalès au Gouvernement russe ; cf. Livre Orange russe nᵒ 76, note. Les lacunes dans l'impression, qui avaient été laissées pour des raisons techniques, n'existent pas dans le texte original.

(6) Reproduction littérale de l'original français (Note du Traducteur.)

Je vous prie de me télégraphier d'urgence pour m'accuser réception de ces instructions et me faire connaître le moment de leur exécution (heure russe) (7).

Je vous prie de réclamer vos passeports et remettre le soin de la protection et des affaires à l'ambassade des Etats-Unis.

Jagow.

PREMIER PROJET DU N° 542 (8).

Pendant que l'Allemagne, appliquée dès les débuts de la crise à trouver une solution pacifique, continuait encore, en exécution des ordres de Sa Majesté l'Empereur et Roi, mon Auguste Souverain, son rôle de médiateur entre l'Autriche-Hongrie et la Russie, cette dernière a procédé à la mobilisation de la totalité de ses forces de terre et de mer. La sécurité de l'Empire Allemand se trouvant menacée par cette mesure qui n'avait été précédée, en Allemagne, d'aucune mesure analogue, le Gouvernement Allemand en a informé le Gouvernement de Sa Majesté l'Empereur de toutes les Russies en demandant la cessation de ces entreprises de caractère belliqueux.

La Russie $\dfrac{\text{ayant décliné}}{\text{n'ayant pas cru devoir répondre à}}$ cette demande et documenté par cette attitude que ses procédés se dirigeaient contre l'Allemagne, Sa Majesté l'Empereur, mon Auguste Souverain, au nom de l'Empire, déclare accepter la guerre qui Lui est octroyée.

DEUXIÈME PROJET DU N° 542 (9).

Le Gouvernement-Impérial... (comme dans la rédaction définitive)... forces de terre et de mer. La sécurité de l'Empire Allemand se trouvant menacée par cette mesure, moti-

---

(7) Voir n° 588.

(8) Recopié de la main du comte Mirbach le 31 juillet.

(9) Le deuxième projet résultait du premier projet que Stumm avait modifié par des additions et des changements au crayon. Le deuxième projet a été soumis à Jagow dactylographié. Le Secrétaire d'Etat y a encore apporté des additions et des changements et lui a donné sa rédaction définitive.

vée par aucun préparatif militaire de la part de l'Allemagne,
le Gouvernement Allemand s'adressa au Gouvernement de
Sa Majesté l'Empereur de toutes les Russies en insistant sur
la cessation des dits actes militaires. La Russie... (jusqu'à la
fin comme la rédaction définitive) (10).

(10) Reproduction littérale de l'original français des deux projets (Note du
Traducteur.)

N° 543
Le Chancelier de l'Empire
à l'Ambassadeur à Paris (1).

Télégramme 184.

Urgent.   Berlin, le 1er août 1914 (2).

Votre Excellence est autorisée, le cas échéant, à accorder
au Gouvernement français pour répondre à notre proposition éventuelle (3) un délai supplémentaire de deux heures,
jusqu'à trois heures, heure française.

BETHMANN HOLLWEG.

(1) D'après la minute. Projet de la main de Stumm.
(2) 1 h. 5 après-midi, à l'Office central télégraphique.
(3) Voir nos 491, 528 et 571.

N° 544
Le Secrétaire d'Etat des Affaires Etrangères
à l'Ambassadeur à Vienne (1).

Télégramme 215.

Berlin, le 1er août 1914 (2).

En cas de guerre, il est de la plus grande importance que
la Roumanie puisse faire marcher toute son armée contre la
Russie. Toutefois, une liberté complète d'action n'est pos-

(1) D'après la minute. Projet du 31 juillet de la main de Bergen avec des
modifications de la main de Zimmermann.
(2) Le 1er août 1 h. 10 après-midi à l'Office central télégraphique.

sible que si des mesures de sécurité sur la frontière bulgare ne sont pas nécessaires. C'est pourquoi il est indispensable que la Bulgarie donne à l'Autriche-Hongrie et à la Roumanie des assurances formelles qu'en cas de guerre elle se conformera à nos désirs. Je prie le comte Berchtold de provoquer une prompte démarche à cet effet à Sofia.

JAGOW.

N° 545
Le Secrétaire d'Etat des Affaires Etrangères à l'Ambassadeur à Tokio (1).

Télégramme 24.

Berlin, le 1er août 1914 (2).

La Russie a ordonné la *mobilisation générale* de son armée et de sa flotte. L'Autriche-Hongrie prend une mesure analogue, et chez nous la mobilisation est imminente. La guerre avec la Russie ne peut guère être évitée. Nous sommes convaincus que le Gouvernement japonais appréciera exactement la gravité de la situation et en tirera les conséquences qu'elle comporte pour le Japon. Je vous prie, en tenant compte de la neutralité du Japon, de faire des déclarations dans ce sens et de télégraphier vos impressions sur les intentions du Japon (3).

JAGOW.

----

(1) D'après la minute. Projet de la main de Zimmermann.
(2) 1 h 3o après-midi à l'Office central télégraphique.
(3) Voir n° 785.

N° 546
Le Tsar à l'Empereur (1).

Télégramme (sans numéro).

Péterhof, Palais, le 1er août 1914 (2).

Sa Majesté l'Empereur, Berlin

I received your telegramm (3). Understand you are obliged

----

(1) D'après la copie de l'Office télégraphique du Château. Cf. Livre Blanc

to mobilise but wish to have the same guarantee from you
as I gave you, that these measures *do not* méan war and that
we shall continue negociating for the benefit of our countries
and universal peace dear to all our hearts. Our long proved
friendship *must* succeed, with God's help, in avoiding blood-
shed. Anxiously, full of confidence await your answer (4).

NICKY.

Traduction

J'ai reçu Ton télégramme. Je comprends que Tu soies obligé de mobiliser,
mais je désire recevoir de Toi les mêmes garanties que celles que je T'ai
données ; c'est-à-dire que ces mesures ne signifient pas la guerre et que
nous continuerons à négocier pour le bien de nos pays et de la paix universelle chère à nos cœurs. Notre amitié longuement éprouvée doit réussir,
avec l'aide de Dieu, à éviter l'effusion de sang. Anxieux, mais plein de confiance, j'attends Ta réponse.

---

allemand de mai 1915, p 10.

  (2) Remis à Peterhof, Palais, 2 h. 6 après-midi, reçu à l'Office télégraphique du Château à Berlin le 1er août 2 h. 5 après-midi. Timbre d'enregistrement à l'entrée du Ministère des Affaires Etrangères : 1er août.

  (3) Voir nº 480.

  (4) Voir nº 600.

Nº 547
Le Chancelier de l'Empire
à l'Ambassadeur à Constantinople (1).

Télégramme 296.

Berlin, le 1er août 1914 (2-3).

Au cas où le général Liman serait convaincu que la Turquie, en cas de guerre avec la Russie, interviendrait dès
maintenant activement et efficacement en notre faveur, Votre
Excellence est autorisée à conclure l'alliance jusqu'en 1918
avec la clause relative à la possibilité de prolongation.

BETHMANN HOLLWEG.

---

  (1) D'après la minute. Projet de la main de Zimmermann.

  (2) 2 h. 30 après-midi à l'Office central télégraphique.

  (3) Voir nº 517.

N° 548
Le Ministre à Sofia
au Ministère des Affaires Etrangères (1).

Télégramme 41.

Sofia, le 31 juillet 1914 (2).

Radoslawow et Tontcheff m'ont assuré de concert qu'il n'y avait aucune intention hostile contre la Roumanie, et qu'aucune mesure militaire n'avait été prise à la frontière roumaine. Ils l'ont fait déclarer hier à Bucarest. Si le conflit austro-serbe ne peut être localisé, la Bulgarie observera une attitude amicale à l'égard de la Roumanie, et renoncera à tout espoir de reconquérir la Dobroudja, à condition que la Roumanie ne mette aucun obstacle aux aspirations bulgares en Macédoine.

Le ministre de Bulgarie à Bucarest annonce que l'Empereur de Russie a demandé télégraphiquement au Roi Carol son appui en faveur du maintien de la paix.

MICHAHELLES.

(1) D'après le déchiffrement.
(2) Remis à Sofia le 31 juillet 7 h. 10 matin, parvenu au Ministère des Affaires Etrangères le 1er août 3 h. 14 après midi. Timbre d'enregistrement à l'entrée : 1er août après-midi. Communiqué le 1er août à l'Etat-Major général, au Ministère de la Guerre, à l Etat-Major de la Marine et au Ministère de la Marine, transmis par messager 9 h. 40 soir. Le passage « Radoslawow... en Macédoine » a été télégraphié le 1er août au chargé d'affaires à Bucarest « pour information et pour l'utiliser le cas échéant », 9 h. 20 soir, à l'Office central télégraphique.

N° 549
Le Secrétaire d'Etat des Affaires Etrangères
au Ministre à Sofia (1).

Télégramme 43.

Berlin, le 1er août 1914 (2).

Nous agissons à Vienne en faveur d'une entente immé-

(1) D'après la minute. Projet de la main de Rosenberg.
(2) 3 h. 20 après-midi à l'Office central télégraphique.
(3) Voir n° 673.

diate avec la Bulgarie pour déterminer l'attitude qu'elle prendra dans le conflit européen imminent. Je vous prie d'appuyer énergiquement les démarches de votre collègue autrichien à cet effet. Répondez télégraphiquement (3).

JAGOW.

N° 550
L'Ambassadeur à Rome
au Ministère des Affaires Étrangères (1).

Télégramme 166.

Rome, le 1er août 1914 (2-3).

D'après mes informations, il y a eu en fait une demande roumaine au sujet des mesures militaires. Mais on a jusqu'ici évité d'y répondre.

San Giuliano soutient le point de vue que l'assistance directe à l'action autrichienne contre la Serbie est aussi impossible pour la Roumanie que pour l'Italie.

FLOTOW.

(1) D'après le déchiffrement.
(2) Remis à Rome 12 h 25 après-midi, parvenu au Ministère des Affaires Etrangères 3 h. 25 après-midi. Timbre d'enregistrement à l'entrée : 1er août après-midi. Le passage « D'après mes informations... d'y répondre » a été, après quelques modifications, communiqué à l'Etat-Major général le 2 août
(3) Voir n° 519.

N° 551
L'Ambassadeur à Pétersbourg
au Ministère des Affaires Etrangères (1).

Télégramme 210.

Pétersbourg, le 1er août 1914 (2).

L'attaché militaire informe l'Etat-Major général que le Grand Duché de Finlande a été déclaré en état de guerre. Le

(1) D'après le déchiffrement.
(2) Remis à Pétersbourg 11 h. 35 matin, parvenu au Ministère des Affaires Etrangères 3 h. 25 après-midi. Timbre d'enregistrement à l'entrée : 1er août après-midi. Communiqué le 1er août à l'Etat-Major général, au

maintien de l'ordre et de la tranquillité a été confié au commandant supérieur du district militaire de Pétersbourg. Sans que le bruit soit confirmé, il transpire de plusieurs côtés qu'une partie de la Garde sera envoyée en Finlande (3).

POURTALÈS.

Ministère de la Guerre, à l'Etat Major de la Marine et au Ministère de la Marine, transmis par messager 4 h. 30 après-midi.

(3) Voir par contre n° 521.

N° 552

**Le Secrétaire d'Etat des Affaires Etrangères
au Ministre à Stockholm** (1).

Télégramme 25.

Berlin, le 1ᵉʳ août 1914 (2).

A utiliser confidentiellement.

D'après des nouvelles de Pétersbourg (3), la Russie, en cas de guerre contre l'Autriche et contre nous, aurait l'intention d'abandonner la Finlande à elle-même, probablement avec le 22ᵐᵉ corps d'armée, général en chef Iwanow.

JAGOW.

(1) D'après la minute. Projet de la main de Bergen.
(2) 3 h. 40 après-midi, à l'Office central télégraphique.
(3) Voir n° 521.

N° 553

**Extrait du procès-verbal
de la 27ᵐᵉ séance du Bundesrat**
(§§ 664).

Berlin, le 1ᵉʳ août 1914.

Exposé de la situation politique.

Le Président (1) a déclaré :

« Contre notre volonté et contre tous nos efforts, si Dieu ne nous envoie pas, à la dernière heure, un miracle, une crise,

(1) C'est-à-dire le Chancelier de l'Empire.

comme il ne s'en est jamais vu d'aussi grave, éclatera, menaçant la paix de l'Europe et de l'Allemagne.

« Les motifs en sont bien connus des Gouvernements confédérés. Le 28 juin de cette année, l'héritier présomptif du trône d'Autriche et son épouse ont été assassinés. L'enquête a établi que le mouvement panserbe prolongé pendant plusieurs années, qui s'est assigné pour but de miner l'existence de l'Autriche-Hongrie s'est manifesté par l'attentat de Sarajevo. C'était non seulement le droit, mais encore le devoir de l'Autriche-Hongrie d'intervenir contre ce mouvement. L'Empereur François-Joseph nous a donné connaissance des démarches à entreprendre. Nous avons un intérêt personnel à ce que la Monarchie austro-hongroise soit maintenue forte, à ce qu'elle ne succombe pas dans la lutte avec les Slaves du sud sur lesquels la Russie croit pouvoir ou devoir assumer un rôle de protectrice. L'anéantissement de l'Etat autrichien attaquerait en même temps les racines de l'Empire allemand. C'est de ce point de vue que s'inspire la politique que nous avons poursuivie depuis trente ans. C'est pourquoi, lorsque l'Autriche-Hongrie nous a communiqué ses intentions d'intervenir, nous avons répondu : nous ne prétendons pas porter un jugement sur ce que vous devez faire ; ce n'est pas notre affaire ; mais il va de soi que si le *casus fœderis* surgit, nous nous tiendrons fidèlement à vos côtés.

« L'ultimatum de l'Autriche-Hongrie à la Serbie et la réponse de la Serbie sont connus. La Serbie, dans sa réponse, a fait, sous certains rapports, des concessions aux exigences autrichiennes, mais elle a mis de fortes réserves à plusieurs de ses concessions et elle a rejeté des exigences importantes. Les expériences historiques que l'Autriche a faites avec la Serbie ont prouvé que de simples assurances de la Serbie n'avaient pas de valeur et qu'il fallait obtenir d'elle des garanties matérielles.

« Nous voulions localiser le conflit qui avait éclaté entre l'Autriche et la Serbie. Nous avons soutenu dès le commencement cette manière de voir auprès de tous les Cabinets. Nous avons obtenu l'assentiment de tous, excepté celui de la Russie qui a déclaré d'abord qu'il lui paraissait impossible que la Serbie et l'Autriche-Hongrie restassent seules aux prises dans leur conflit. Par suite la situation devint tendue, bien que l'Angleterre fût prête à intervenir comme médiatrice, afin que le conflit austro-serbe n'entraînât pas un conflit austro-russe.

« Pendant ce temps, la Russie recourait à des préparatifs militaires secrets dirigés tout d'abord contre l'Autriche-Hongrie. Pendant ces préparatifs, la Russie nous fît des ouvertures en nous priant d'entreprendre la médiation à Vienne. Ceci se réalisa par un télégramme du Tsar à l'Empereur. Je ne veux que décrire sommairement les phases de l'évolution, vu que j'ai déjà, dans un communiqué à la « Norddeutsche Allgemeine Zeitung », exposé les précédents historiques de la crise actuelle. Dans ce télégramme, le Tsar prie l'Empereur, en termes pressants, en invoquant leur amitié traditionnelle, d'agir afin que l'Autriche-Hongrie ne poussât pas trop loin ses exigences. Sa Majesté, bien qu'ayant toujours soutenu la conception d'après laquelle le conflit entre l'Autriche et la Serbie ne regardait que ces Etats, s'est déclarée prête à entreprendre le rôle de médiateur pour maintenir la paix européenne, et en a fait part le même jour au Tsar. En même temps le Gouvernement russe a assuré, avec les protestations les plus énergiques, qu'il n'avait pris contre nous aucunes mesures militaires. Nous avons alors mis en mouvement l'action médiatrice à Vienne ». Voici quel était son objet:

« L'Autriche-Hongrie avait à plusieurs reprises déclaré à Pétersbourg qu'elle ne se proposait aucune annexion territoriale en Serbie, qu'elle ne voulait que rétablir l'ordre compromis par les agitations panserbes. Nous en tirâmes la conclusion de conseiller à l'Autriche, si c'était réellement son point de vue, de le déclarer encore solennellement à Pétersbourg et de confirmer que le but de son intervention militaire était de se borner à obtenir par l'occupation de portions du territoire serbe un gage pour l'accomplissement de ses exigences.

« C'est dans une voie analogue qu'évoluait la proposition de médiation de l'Angleterre que nous avons transmise au

Gouvernement autrichien en le priant de la prendre en sérieuse considération.

« Pendant ces négociations, nous fûmes surpris, le 30 juillet, par la mobilisation des corps russes contre l'Autriche-Hongrie. L'Empereur a immédiatement averti le Tsar par télégramme que ces mesures lui rendaient plus difficile sinon impossible son rôle de médiateur, car il était clair que si la Russie mobilisait contrê l'Autriche-Hongrie, il serait extrêmement difficile pour l'Allemagne, en tant que médiatrice, de donner des conseils au Gouvernement austro-hongrois. Néanmoins nous avons continué notre action médiatrice.

« Hier devait être le jour où il serait décidé si Vienne se tournerait vers la Russie dans le sens de notre proposition ou de la proposition anglaise. En tous cas, l'Autriche-Hongrie, sur notre suggestion, avait repris les négociations directes avec la Russie qui avaient été rompues. On a donc négocié hier à Vienne au sujet d'une entente et dans nos conseils nous avons été jusqu'à l'extrême limite de ce que l'on peut proposer à une grande puissance et à une puissance alliée. Nous l'avons fait en poursuivant la politique pacifique que nous avons suivie depuis 43 ans. A cet instant, la Russie a mobilisé toutes ses forces de terre et de mer. Deux jours auparavant, elle nous avait encore donné l'assurance solennelle qu'elle ne prendrait aucunes mesures contre nous; mais, en réalité, nous recevions continuellement des informations relatives à des mesures de ce genre. Nous ne pouvions considérer la mobilisation générale que comme un acte d'hostilité dirigé contre nous. Elle entraîne pour nous une situation dont, si nous ne voulons pas sacrifier notre honneur et notre sécurité, nous ne pouvons sortir que par des actes. On ne peut considérer que comme une provocation une mobilisation dirigée contre nous pendant notre activité médiatrice. La Russie essaie de représenter l'affaire comme si la mobilisation ne devait pas être considérée comme un acte d'hostilité contre nous. Mais si nous acceptions cette conception, nous pécherions contre la sécurité de notre patrie. L'Allemagne a contemplé avec un calme étonnant, peut-être à peine excusable, les préparatifs militaires en

Russie et en France, préparatifs qui, il est vrai, ne signi-
fiaient pas la mobilisation, mais étaient propres à l'accélérer
énormément. Nous courions, par suite, le risque de perdre
l'avance que nous procure la plus rapide mobilisation de
nos troupes. Nous nous trouvions en danger de voir, dans
un court délai, une armée prête à la guerre, prête au combat
sur nos frontières de l'est et sur celles de l'ouest. Nous ne
pouvions plus rester inactifs sans exposer à l'invasion les
territoires prussiens de l'est et le Reichsland à l'ouest.

« C'est pourquoi nous nous sommes sentis obligés, en présence de la mobilisation, d'adresser à la Russie un ultimatum la sommant d'arrêter sa mobilisation dans les
12 heures, et, en cas de refus, la menaçant de procéder à la
mobilisation, et nous avons ajouté que la mobilisation avait
chez nous un sens bien clair. Dans cette situation on ne
pouvait éviter que Sa Majesté ne déclarât hier l'état de
menace de guerre. En même temps, en exposant notre
point de vue, nous avons posé à la France la question de
savoir comment la France se comporterait dans une guerre
germano-russe. Dans notre ultimatum à la Russie, nous
avons assigné un délai très court, parce que notre propre
sécurité ne nous permet plus de retarder davantage nos
préparatifs militaires. La réponse est parvenue aujourd'hui
à midi ; je ne sais pas encore comment elle est conçue ; vu
l'encombrement des réseaux télégraphiques, il faudra que
je l'attende encore quelques heures, mais je dois craindre que
la Russie ne donne pas satisfaction à notre demande.

« La réponse de la France doit arriver à 1 heure de l'après-
midi. Nous ne connaissons pas le texte exact du traité d'alliance entre la France et la Russie, mais d'après tout ce que
nous connaissons de ce traité, nous devons craindre que la
France ne puisse s'abstenir de se tenir activement aux côtés
de la Russie.

« Si la réponse russe n'est pas satisfaisante et si de France
ne nous arrive pas une déclaration de neutralité ne soule-
vant aucune objection (nous devons insister, vu la situation,
sur une déclaration de neutralité de la France parfaitement
sûre et sans réserve), l'Empereur devra déclarer au Gouver-

nement russe qu'il doit se considérer dans un état de guerre avec la Russie provoqué par cette puissance, et déclarer à la France que nous sommes en guerre avec la Russie, et que, comme la France ne garantit pas sa neutralité, nous devons admettre que nous nous trouvons également en état de guerre avec la France.

« Je ne dois faire ici ces déclarations que sous réserves, car je ne sais pas encore comment seront conçues les réponses, mais je voulais faire immédiatement cet exposé au Bundesrat pour ne pas perdre de temps.

« J'espère que le Bundesrat, après mon exposé, a acquis la conviction que l'Allemagne, conformément à la politique pacifique qu'elle a toujours suivie, a travaillé, jusqu'au dernier moment, au maintien de la paix. Mais nous ne pouvons supporter la provocation adressée par la Russie, si nous ne voulons pas renoncer à notre situation de grande puissance en Europe. A cette occasion nous aurons à tirer les conséquences de l'alliance existant entre la Russie et la France. Je puis, avec une conscience bonne et sereine, demander l'assentiment des Gouvernements allemands confédérés aux mesures qui sont déjà proposées. Nous n'avons pas voulu la guerre; elle nous est imposée. La guerre exigera du peuple allemand les sacrifices les plus grands qu'on lui ait jamais demandés; mais comme nous n'avons pas provoqué la guerre et que nous avons voulu la détourner, nous nous confions en l'aide de Dieu, et nous irons courageusement et résolument au combat que nous devons soutenir pour l'honneur, la liberté et la puissance de l'Empire allemand. »

Après que le Chancelier de l'Empire eût demandé et reçu à l'unanimité l'assentiment des Gouvernements confédérés à ce que, au cas où la Russie et la France ne feraient pas des déclarations satisfaisantes, Sa Majesté l'Empereur déclarât à ces deux puissances qu'elles avaient provoqué l'état de guerre avec l'Empire allemand, il ajouta :

« Ainsi mon exposé a obtenu l'assentiment général des Gouvernements confédérés; si les dés de fer sont jetés, que Dieu nous aide. »

N° 554
Le Ministre de la Guerre
au Secrétaire d'Etat des Affaires Etrangères (1).

Berlin, le 1ᵉʳ août 1914 (2).

La mobilisation est ordonnée; premier jour de la mobilisation le 2 août 1914 (3-4).

v. FALKENHAYN.

(1) D'après l'expédition.
(2) Timbre d'enregistrement à l'entrée du Ministère des Affaires Etrangères : 1ᵉʳ août après-midi.
(3) Le Ministre de la Guerre a fait la même communication au Ministre prussien des Affaires Etrangères (Chancelier de l'Empire).
(4) D'après le Livre Blanc allemand de mai 1916, page 10, ordre de mobilisation à 5 heures de l'après-midi.

N° 555
Projet d'un télégramme non envoyé
du Secrétaire d'Etat des Affaires Etrangères
à l'Ambassadeur à Vienne (1).

Berlin, le 1ᵉʳ août 1914 (2).

D'après des nouvelles de Constantinople, l'Autriche ne semble avoir encore abouti à aucun accord définitif avec Sofia. Les hésitations autrichiennes pourraient pousser la Bulgarie dans le camp de nos adversaires et attirer contre nous d'autres États balkaniques, en particulier la Turquie. Je demande à Votre Excellence de prier instamment le comte Berchtold de s'entendre immédiatement avec la Bulgarie. Réponse télégraphique.

JAGOW.

(1) Projet de la main de Rosenberg.
(2) Non envoyé; annotation marginale de Zimmermann : « On a adopté une autre solution ».

N° 556
Procès-verbal de von Bergen,
Conseiller référendaire
au Ministère des Affaires Etrangères (1).

[Berlin, le 1ᵉʳ août 1914] (2).

De Vienne on a téléphoné à l'ambassade d'Autriche d'ici que le Gouvernement austro-hongrois aurait prié instamment Avarna d'informer en son nom Rome que l'Autriche fera à l'Italie les concessions convenues, si cette dernière se conforme à ses obligations d'alliance (3).

____

(1) Note de la main de Bergen, pour le Secrétaire d'Etat.

(2) Timbre d'enregistrement à l'entrée du Ministère des Affaires Etrangères : 1ᵉʳ août après-midi.

(3) Voir n° 541 qui a été rédigé en annexe à la note ci-dessus.

N° 557
L'Ambassade d'Autriche-Hongrie
au Ministère des Affaires Etrangères (1).

Berlin, le 1ᵉʳ août 1914.

Note.

D'après une information de l'attaché militaire impérial et royal à Rome en date du 29 de ce mois, l'opinion en Italie s'est, depuis deux jours environ, retournée en notre faveur, et on a sérieusement l'intention de marcher avec nous, la main dans la main.

L'Etat-Major s'occupe d'exécuter la mobilisation d'un certain groupe d'armées. On a à lutter contre des difficultés qui ne sont pas minimes, car, ainsi que l'attaché militaire impérial et royal nous l'annonce, une grande partie de la classe 1891 a été employée à renforcer, c'est-à-dire à mettre sur le pied de guerre, les corps de troupe qui tiennent garnison dans des régions politiques peu sûres.

____

(1) D'après une expédition non signée. Timbre d'enregistrement à l'entrée du Ministère des Affaires Etrangères : 1ᵉʳ août après-midi.

En outre, des régiments d'infanterie et des bataillons alpins du 5e corps d'armée de Vérone qui appartient à ce groupe d'armées se trouvent dans la circonscription du 7e corps, alors que leurs magasins de mobilisation se trouvent dans la circonscription du 5e.

Les bataillons appartenant au groupe d'armées qui se trouvent encore en Lybie, doivent être remplacés par d'autres.

N° 558

Le Ministre de Prusse à Stuttgart
au Ministère prussien des Affaires Etrangères
(Chancelier de l'Empire) (1).

Secret. Stuttgart, le 31 juillet 1914 (2).

Le Président du Conseil des Ministres vient de me faire part d'une conversation particulière sur la crise politique, qu'il a eue hier avec mon collègue russe d'ici ; ce dernier serait venu directement de Paris où, d'après ce qu'il dit, il aurait vu Iswolski. M. Lermontow n'a fait que ressasser des arguments rebattus auxquels il a été facile de répondre. Mais il est peut-être digne de faire remarquer, m'a dit M. de Weizsäcker, que le Russe avait affirmé que les Cabinets de Paris et de Saint-Pétersbourg ne désiraient pas, au fond du cœur, la guerre, mais que celui de Londres la désirait, car il comptait que, dans une conflagration universelle, la puissance de l'Allemagne, que les Anglais considèrent comme fâcheuse et menaçante pour eux, serait, en tout cas, très affaiblie. Le Ministre, ainsi qu'il me l'a dit, n'avait pas l'impression que les tirades de Lermontow fussent basées sur des faits positifs, mais il estimait plutôt que les empoisonneurs de la Seine et de la Néva avaient de nouveau imaginé quelque chose pour pouvoir nous bluffer. M. de Weizsäcker me conseilla de faire part de son impression à Votre Excellence.

---

(1) D'après l'expédition.

(2) Timbre d'enregistrement à l'entrée du Ministère des Affaires Etrangères : 1er août après-midi.

Du reste, mon collègue russe a eu à cette occasion à entendre de dures vérités. Par exemple lorsqu'il vint à dire que la Russie ne pouvait pas abandonner la Serbie et cita un mot du Tsar sur les « corréligionnaires (3) qu'on devait protéger », le Ministre lui a répondu crûment (4) qu'à son avis « toute personne qui avait encore une étincelle de sentiment monarchique devait se détourner avec horreur des régicides de Belgrade », qu' « à Belgrade croissaient les plantes empoisonnées dont les provocateurs russes et français avaient depuis longtemps jeté les germes. »

Quant à la question de savoir pourquoi M. Lermontow àvait abordé dans la discussion des matières aussi délicates, le Ministre me répondit : « il est possible qu'il ait voulu soulager son cœur. Peut-être voulait-il agir un peu comme agent provocateur, vu qu'il venait de voir Iswolsky. »

Below.

----

(3) *Sic* en français dans le texte (Note du Traducteur).

(4) « crûment », en français dans le texte (Note du Traducteur).

N° 559

**Le Ministre à Bruxelles
au Chancelier de l'Empire (1).**

Bruxelles, le 30 juillet 1914 (2).

Hier soir a eu lieu ici une réunion socialiste internationale dans laquelle on a protesté contre la guerre. Environ 10.000 personnes peuvent avoir pris part à cette réunion. De brefs discours contre la guerre, qu'il est inutile de reproduire, ont été prononcés par différents chefs socialistes du pays ou de l'étranger, tels Vandervelde (Belgique), Haase (Allemagne), Keir Hardie (Angleterre), Morgari (Italie), Roubanowitch (Russie), Troelstra (Hollande), et Jaurès (France). Après la fin de la réunion, les masses se déployèrent dans

----

(1) D'après l'expédition.

(2) Timbre d'enregistrement à l'entrée du Ministère des Affaires Etrangères : 1er août après-midi.

un long cortège, en chantant *L'Internationale*, et en poussant les cris répétés de « à bas la guerre ! » (3) dans quelques-unes des rues principales de Bruxelles, et se séparèrent pacifiquement environ vers 11 heures et demie du soir.

Il semble qu'il n'y ait pas eu d'incidents à cette occasion.

VON BELOW.

---

(3) « à bas la guerre ! », en français dans le texte (Note du Traducteur).

N° 560

**La Légation de Danemark
au Ministère des Affaires Etrangères (1).**

Berlin, le 1er août 1914 (2).

Note.

Le Gouvernement royal, aussi bien par des rapports de la légation royale que par des déclarations du comte Brockdorff-Rantzau, a compris que le Gouvernement impérial trouverait naturel que des convocations de troupes eussent lieu au Danemark après l'ordre de mobilisation en Allemagne. Le Gouvernement danois n'a pas l'intention de recourir à une mobilisation générale dans les circonstances actuelles, telles qu'on peut les prévoir ; il doit, par contre, envisager l'application des dispositions de la loi sur l'armée qui ordonnent la convocation des forces dites de sécurité. Ce renforcement doit, en réalité, mettre l'armée danoise sur le pied qui répond au pied de paix des autres puissances. Il ne s'agirait que de l'appel de 10.000 à 15.000 hommes. Les autorités militaires désirent procéder immédiatement à ces convocations. Le Gouvernement royal désire toutefois ne prendre cette mesure en considération que quand la mobilisation aura été ordonnée en Allemagne.

---

(1) D'après une expédition non signée.

(2) La date est à la fin de l'expédition. Timbre d'enregistrement à l'entrée du Ministère des Affaires Etrangères : 1er août après-midi. Communiqué le 3 août à l'État-Major général, au Ministère de la Guerre, à l'Etat-Major de la Marine et au Ministère de la Marine.

La légation royale est chargée de porter ce qui précède à la connaissance du Ministère impérial des Affaires Etrangères comme suite à la communication faite par la bienveillante entremise du comte Brockdorff-Rantzau et relative à l'appel de 1.400 hommes pour la marine royale et de 1.300 hommes pour les fortifications de mer. Elle a l'honneur d'ajouter que ces communications sont faites avec une pleine confiance dans les sentiments amicaux que S. Exc. M. le Secrétaire d'Etat a bien voulu exprimer à l'égard du Danemark.

N° 561

**L'Ambassadeur à Vienne
au Ministère des Affaires Etrangères (1).**

Télégramme 149.

Vienne, le 1er août 1914 (2).

Le Gouvernement d'ici fera remettre une déclaration analogue au Roi et à Bratiano (3).

---

(1) D'après le déchiffrement.

. (2) Remis à Vienne 1 h. 5 après-midi, parvenu au Ministère des Affaires Etrangères 4 h. 10 après-midi. Timbre d'enregistrement à l'entrée : 1er août après-midi.

(3) Voir n°s 5o6, 5o7 et 582.

N° 562

**L'Ambassadeur à Londres
au Ministère des Affaires Etrangères (1).**

Télégramme 205.

Londres, le 1er août 1914 (2).

Sir E. Grey vient de me faire dire par Sir W. Tyrrell qu'il

---

(1) D'après le déchiffrement. Cf. Livre Blanc allemand de mai 1915, p. 46.

(2) Remis à Londres 11 h. 14 matin, parvenu au Ministère des Affaires Etrangères 4 h. 23 après-midi. Timbre d'enregistrement à l'entrée : 1er août après-midi. Communiqué sur l'ordre de Zimmermann le 1er août à l'Etat-Major général, au Ministère de la Guerre, à l'Etat-Major de la Marine, au Ministère de la Marine. Transmis par messager 8 h. 10 soir. Le déchiffrement a été remis à l'Empereur.

espérait pouvoir cet après-midi, comme résultat des délibérations du Conseil des Ministres, me faire des ouvertures qui seraient propres à empêcher la grande catastrophe. Il semble qu'il aurait l'intention, d'après les indications de Sir Williams, de me faire savoir qu'au cas où nous n'attaquerions pas la France, l'Angleterre resterait neutre et garantirait l'attitude passive de la France. J'obtiendrai des détails plus précis cet après-midi (3).

Sir E. Grey vient de me faire appeler au téléphone, et m'a demandé si je croyais pouvoir déclarer, qu'au cas où la France resterait neutre dans une guerre germano-russe, nous n'attaquerions pas la France. J'ai déclaré que je pouvais assumer cette responsabilité, et il utilisera cette déclaration à la séance du Cabinet d'aujourd'hui.

Ensuite Sir W. Tyrrell m'a prié de façon instante d'obtenir que nos troupes ne violassent pas la frontière française; tout dépendait de cela. Les troupes françaises auraient été retirées à la suite d'une violation de frontière.

LICHNOWSKY.

____

(3) Voir n°s 570, 575, 596, 603, 630, 631.

N° 563

Le Secrétaire d'État des Affaires Étrangères au Chargé d'affaires à Bucarest (1).

Télégramme 63.

Urgent.   Berlin, le 1er août 1914 (2).

A utiliser. D'après une déclaration solennelle du Gouvernement bulgare, l'attitude amicale de la Bulgarie à l'égard de la Roumanie semble assurée (3).

JAGOW.

____

(1) D'après la minute. Projet de la main de Rosenberg. Voir aussi n° 506.

(2) A l'Office central télégraphique 4 h. 40 après-midi.

(3) En marge, de la main de Rosenberg la note : Repose sur une communication du conseiller d'ambassade d'Autriche à M. de Bergen. Le comte Berchtold nous demande une déclaration apaisante à Bucarest.

N° 564

**L'Ambassadeur à Pétersbourg
au Ministère des Affaires Etrangères (1).**

Télégramme 211.

Pétersbourg, le 1er août 1914 (2).

L'attaché militaire annonce à l'Etat-Major général : On annonce de Moscou : Le 29 juillet huit trains chargés de cavalerie ont été expédiés de Twer à Moscou et de là probablement à une destination plus éloignée. Le 31 juillet, le 1er régiment de cosaques du Don et le 1er hussards ont été dirigés, croit-on, sur Suwalki.

Quatre régiments de cosaques devaient venir à Moscou. Le 30 juillet, les 2e, 6e et 11e régiments de grenadiers auraient été envoyés, sans réservistes, dans la direction de Kiew ; le 31 juillet, le 1er grenadiers les a suivis avec beaucoup de réservistes. Manifestement on a convoqué les classes de réservistes ; en outre, ainsi qu'il est certain, à Moscou, le 31 juillet à midi, on a convoqué par des affiches murales les territoriaux qui ont servi six semaines. Parmi ces derniers, on a convoqué, semble-t-il, quatre à cinq classes.

A Moscou règne l'opinion générale que les troupes de la région doivent être employées contre l'Autriche. On a remarqué le manque de bottes dans l'infanterie. Kiew annonce le transport du 129e régiment d'infanterie le 30 juillet.

A Moscou on a de graves soucis par suite du manque d'argent.

On nous annonce de Moscou, d'une source qui paraît absolument sûre, que, le 29 juillet, soixante personnes sont parties de Pétersbourg et de Moscou pour l'Allemagne, abondamment munies d'argent pour y provoquer des troubles. Un des chefs serait l'ancien rédacteur Volckhow ou Volchow.

POURTALÈS.

---

(1) D'après le déchiffrement.

(2) Remis à Saint-Pétersbourg 2 heures après-midi, parvenu au Ministère des Affaires Etrangères 5 h. 21 après-midi Timbre d'enregistrement à l'entrée : 1er août après midi. Communiqué à l'Etat-Major général, au Ministère de la Guerre, à l'Etat-Major de la Marine et au Ministère de la Marine.

N° 565
Le Ministre à Bruxelles
au Ministère des Affaires Etrangères (1).

Télégramme 19.

Bruxelles, le 1er août 1914 (2).

La mobilisation générale de l'armée belge a été ordonnée aujourd'hui.

BELOW.

(1) D'après le déchiffrement.
(2) Remis à Bruxelles 12 h. 26 après-midi, parvenu au Ministère des Affaires Etrangères 5 h. 21 après-midi. Timbre d'enregistrement à l'entrée : 1er août après-midi. Communiqué le 1er août à l'Etat-Major général, au Ministère de la Guerre, à l'Etat-Major de la Marine et au Ministère de la Marine. Le télégramme a été soumis à l'Empereur le 1er août.

N° 566
L'Ambassadeur à Rome
au Ministère des Affaires Etrangères (1).

Télégramme 167.

Rome, le 1er août 1914 (2).

Lorsque j'ai signalé aujourd'hui au marquis de San Giuliano l'effet funeste de la proclamation de la neutralité italienne dans tous les milieux de notre peuple, le Ministre m'a dit que certaines considérations relatives à la Monarchie auraient déterminé le Président du Conseil Salandra à cette résolution. Une participation à une guerre conduite contre les intérêts italiens dans les Balkans pourrait, dans certaines circonstances, balayer ici la Monarchie. En ce qui concerne les compensations, j'ai trouvé le Ministre plus pessimiste que jamais ; il a dit qu'il était difficile de trouver des compensations. Il ne voulait de Valona dans aucun cas ; tout ce que voulait l'Italie, c'est que Valona ne fût pas dans d'autres mains.

(1) D'après le déchiffrement.
(2) Remis à Rome 1 h. 30 après-midi, parvenu au Ministère des Affaires Etrangères 5 h. 21 après-midi. Timbre d'enregistrement à l'entrée : 1er août après-midi.

Les considérations relatives à l'Angleterre ont influé d'une façon décisive sur l'attitude d'ici. Le Ministre a déclaré aujourd'hui qu'il ne regardait pas la participation de l'Angleterre à la guerre comme absolument certaine, mais qu'il croyait que la neutralité italienne serait envisagée en Angleterre comme un facteur favorable à la neutralité anglaise.

FLOTOW.

N° 567
L'Ambassadeur à Vienne
au Ministère des Affaires Étrangères (1).

Télégramme 151.

Vienne, le 1ᵉʳ août 1914 (2-3).

On a fait au Montenegro, au cas où il resterait neutre, les promesses suivantes : maintien de son indépendance ; intégrité de ses territoires ; appui financier ; expansion territoriale dans la direction du Sandjak et, en tant que l'accord avec l'Italie l'admettrait, du côté de l'Albanie.

On ne pense pas ici à une attaque du mont Lovcen.

TSCHIRSCHKY.

(1) D'après le déchiffrement.

(2) Remis à Vienne 2 h. 5 après-midi, parvenu au Ministère des Affaires Etrangères 5 h. 28 après-midi. Timbre d'enregistrement à l'entrée : 1ᵉʳ août après-midi. Communiqué télégraphiquement par Zimmermann, avec suppression de la phrase finale au chargé d'affaires à Cettigné ; à l'Office central télégraphique 2 août 11 h. 10 matin.

(3) Voir n° 476, note 2.

N° 568
L'Ambassadeur à Rome
au Ministère des Affaires Etrangères (1).

Télégramme 168.

Urgent.
Rome, le 1ᵉʳ août 1914 (2).

Un communiqué officieux de la « Tribuna » annonce : Le

(1) D'après le déchiffrement.

(2) Remis à Rome le 1ᵉʳ août 1914, 1 h. 14 après-midi, parvenu au Ministère des Affaires Etrangères 5 h. 40 après-midi. Timbre d'enregistrement à

Gouvernement italien croit que l'Italie ni d'après la lettre, ni d'après l'esprit du traité de la Triple Alliance, n'est tenue à prendre part à une guerre qui n'est pas une guerre défensive, mais elle se réserve d'examiner dans la suite si, pour sauvegarder ses propres intérêts, elle doit prendre une attitude favorable aux alliés.

FLOTOW.

---

l'entrée : 1er août après-midi. Communiqué à l'Etat-Major général, au Ministère de la Guerre, à l'Etat-Major de la Marine et au Ministère de la Marine. Transmis par messager le 2 août 12 h. 15 matin. Le Bureau télégraphique de Wolff a soumis au Ministère des Affaires Etrangères le 3 août le texte du communiqué de la « Tribuna » en demandant s'il ne voyait pas d'objection à sa publication. En marge, observation de Jagow : « cela dépend de savoir jusqu'à quel point l'opinion publique y est préparée. »

N? 569

L'Ambassadeur à Vienne
au Ministère des Affaires Etrangères (1).

Telégramme 150.

Vienne, le 1er août 1914 (2).

Le Gouvernement d'ici demande de faire savoir à Bucarest que la Turquie et la Bulgarie veulent se joindre à la Triple Alliance, la dernière en s'engageant à respecter l'intégrité territoriale actuelle de la Roumanie. La Roumanie, par conséquent, est couverte à l'arrière si elle intervient activement contre la Russie.

TSCHIRSCHKY.

---

(1) D'après le déchiffrement.

(2) Remis à Vienne 2 h. 5 après-midi, parvenu au Ministère des Affaires Etrangères 5 h. 45 après-midi. Timbre d'enregistrement à l'entrée : 1er août après-midi. Le télégramme a été communiqué le 1er août par Jagow, après de légères modifications, au chargé d'affaires à Bucarest ; 8 h. 45 soir à l'Office central télégraphique. L'ambassadeur à Vienne a été informé télégraphiquement le 1er août que le chargé d'affaires à Bucarest était prévenu, télégramme à 9 h. 45 soir à l'Office central télégraphique.

N° 570
L'Ambassadeur à Londres
au Ministère des Affaires Étrangères (1).

Télégramme 209.

Londres, le 1er août 1914 (2).

Suite au télégramme 205 (3). Sir William Tyrrell vient de me dire que Sir E. Grey voulait me faire cet après-midi des propositions pour la neutralité de l'Angleterre (3), *même au cas où nous aurions la guerre avec la Russie et la France.* Je pense voir Sir E. Grey à 3 h. 30 et vous enverrai immédiatement mon rapport (4).

Communiquer immédiatement à Rome ainsi que les télégrammes de l'après-midi d'aujourd'hai. Car l'Italie ne marchera que mollement dans la Triple Alliance tant qu'elle craindra d'avoir l'Angleterre comme adversaire.

G.

(1) D'après le déchiffrement. Cf. Livre Blanc allemand de mai 1915, p. 48.

(2) Remis à Londres 2 h. 10 après-midi, parvenu au Ministère des Affaires Étrangères 6 h. 4 après-midi. Timbre d'enregistrement à l'entrée : 1er août après-midi. Le déchiffrement a été soumis à l'Empereur qui a mis la mention : « 8 h. 3o soir » Les mots suivants, imprimés en italique ont été soulignés par l'Empereur. Au-dessus de la note marginale de l'Empereur, la note de Zimmermann du 2 août : « La décision de Sa Majesté est devenue sans objet par de nouvelles informations de l'ambassadeur. » Le télégramme a été communiqué à 8 heures soir à l'État-Major Général, au Ministère de la Guerre, à l'Etat-Major de la Marine et au Ministère de la Marine.

(3) Voir n° 562.

(4) Voir nos 575, 578, 579, 596, 6o3, 63o et 631.

N° 571
L'Ambassadeur à Paris
au Ministère des Affaires Étrangères (1).

Télégramme 239.

Urgent.

Paris, le 1er août 1914 (2).

Suite au télégramme 237 (3).

A la question réitérée et précise à

(1) D'après le déchiffrement. Cf. Livre Blanc allemand de 1915, p. 37, n° 26.

(2) Remis à Paris 1 h. 5 après-midi, parvenu au Ministère des Affaires

l'effet de savoir si dans une guerre germano-russe la France resterait neutre, le Président du Conseil des Ministres a répondu, *avec hésitation* que la France ferait ce que commanderaient ses intérêts (4). Il motiva le caractère indécis de cette déclaration par le fait qu'il considérait depuis hier la situation comme changée. On lui aurait fait part officiellement que *la proposition de Sir E. Grey d'arrêter de tous côtés les préparatifs militaires* avait été acceptée en principe (5) par la Russie et que l'Autriche-Hongrie avait déclaré qu'elle ne voulait pas porter atteinte à l'intégrité territoriale ni à la souveraineté de la Serbie.

je n'en sais rien, je n'en ai point reçu.

qu'est-ce que cela signifie ? (6)

SCHOEN.

Etrangères 6 h. 10 après-midi. Timbre d'enregistrement à l'entrée : 1er août après-midi. Le déchiffrement a été soumis à l'Empereur, il a mis la mention : « 8 h. 30 soir » ; renvoyé par lui le 1er août.

(3) N° 528. Voir aussi nos 491, 543 et 598.

(4) En marge : ! de l'Empereur.

(5) Le déchiffrement du groupe de chiffres « principe » est douteux.

(6) Mention inter-linéaire en face du mot « principe » ; après le mot « principe » se trouve un point d'interrogation de l'Empereur.

N° 572

Le Dr Hammann, Conseiller référendaire au Ministère des Affaires Etrangères au Directeur général de la Hapag (1).

Télégramme (sans numéro).

Urgent.   Berlin, le 1er août 1914 (2).

J'apprends avec étonnement qu'en France et dans le monde

---

(1) D'après la minute. Projet de la main de Radowitz avec une addition de la main de Hammann.

(2) 6 h. 15 après-midi à l'Office central télégraphique.

entier on croit que l'Allemagne veut faire une guerre préven-
tive et a, par suite, provoqué la situation actuelle. On dit
que l'Empereur croit le moment venu d'en finir avec ses
ennemis. Quelle erreur! Quiconque le connaît comme moi
sait combien il prend au sérieux les responsabilités de la
Couronne, combien profonds sont ses sentiments moraux et
véritablement religieux, et sera étonné qu'on puisse lui
prêter de pareilles intentions. Il n'a pas voulu la guerre, elle
lui est imposée par la force des circonstances. Il a travaillé
infatigablement au maintien de la paix, et a déployé,
d'accord avec l'Angleterre, toute son influence pour trouver
une solution pacifique qui épargnât à son peuple le fléau de
la guerre. Mais tout a échoué devant l'attitude de la Russie
qui, au milieu de négociations qui offraient des perspectives
de succès, a mobilisé ses forces armées, et a prouvé par là
qu'elle n'était pas sincère dans ses assurances de sentiments
pacifiques. Maintenant les frontières de l'Allemagne sont
menacées par la Russie qui entraîne ses alliés dans la guerre ;
maintenant l'honneur de l'Allemagne est en jeu et le
Monarque ami de la paix ne peut faire autre chose que tirer
l'épée pour défendre les biens les plus sacrés de la nation, et
finalement le peuple allemand. En lui est fortement enraciné
le mot du prince de Bismarck contre les guerres préventives :
« on ne doit pas vouloir voir dans le jeu de la Providence. »

Il faut le répéter encore une fois : la Russie, seule, contraint
l'Europe à cette guerre que personne n'a voulu en dehors
d'elle. C'est sur la Russie seule que tombera toute la responsabilité.

Je vous prie de me télégraphier le lieu de la publication et
les modifications que vous pourrez y apporter (3).

HAMMANN.

---

(3) Les mots : « Je vous prie... y apporter » ajoutés de la main de
Hammann.

N° 573
L'Ambassadeur à Vienne
au Ministère des Affaires Etrangères (1).

Télégramme 152.

Vienne, le 1ᵉʳ août 1914 (2).

Après qu'hier matin le duc d'Avarna eût négocié pour la première fois directement avec le comte Berchtold sur la question des compensations, et qu'on se fût rapproché d'une entente, j'ai, hier, rédigé avec le duc d'Avarna la déclaration suivante que le comte Berchtold devait remettre ce matin à l'ambassadeur.

« Si cependant, par la force des choses, l'Autriche-Hongrie serait (3) obligée à faire des acquisitions territoriales dans la péninsule Balcanique, notamment en Serbie et au Monténégro, le Gouvernement Impérial et Royal est prêt à se concerter avec l'Italie au sujet des compensations à lui accorder, soit que l'Italie prête son concours à l'Autriche dans le cas que se présente le *casus fœderis* visé par le traité, soit qu'elle prête son concours sans que le *casus fœderis* se présente. Cette déclaration contient les éléments qui constituent la substance même de l'interprétation que l'Italie donne à l'article 7 et que je consens à faire à l'Italie bien que je ne partage pas cette interprétation même. » (4)

Après avoir reçu ce matin *par écrit* du duc d'Avarna la confirmation que je lui avais demandée que les déclarations ci-dessus lui donnaient satisfaction, j'ai soumis cet après-midi au comte Berchtold ces déclarations qu'il a également acceptées. Par suite, on a abouti à une entente complète dans un délai de vingt-quatre heures (5).

Tschirschky.

---

(1) D'après le déchiffrement.

(2) Remis à Vienne 6 h. 5 après-midi ; parvenu au Ministère des Affaires Etrangères 6 h. 34 après midi ; Timbre d'enregistrement à l'entrée : 1ᵉʳ août après midi. Il a devancé le télégramme précédent 147 (N° 577).

(3) *Sic* dans le déchiffrement.

(4) Reproduction littérale du texte français. (Note du Traducteur).

(5) Voir n° 594.

No 574
Le Roi d'Angleterre à l'Empereur (1).

Télégramme (sans numéro).

Londres, le 1er août 1914 (2).

The Emperor, Berlin.

Many thanks for your telegram (3). Last night I sent an urgent telegram to Nicky (4) expressing my readiness to do everything in my power to assist in reopening conversations between Powers concerned.

GEORGIE.

Traduction.

Bien des remerciements pour Ton télégramme Hier au soir j'ai envoyé un télégramme urgent à Nicky, en me déclarant prêt à faire tout ce qui était en mon pouvoir pour aider à reprendre des conversations entre les puissances intéressées.

GEORGIE.

-----

(1) D'après la copie du Bureau télégraphique du Château. Cf. Livre Blanc allemand de mai 1915, p. 45.

(2) Remis à Londres 5 h. 25 après-midi, parvenu à l'Office télégraphique du Château à Berlin 7 heures soir. Envoyé le 1er août par l'Empereur au Chancelier. Timbre d'enregistrement à l'entrée du Ministère des Affaires Etrangères : 2 août après-midi. S'est croisé avec le no 575.

(3) Voir no 477.

(4) Cf. no 537.

No 575
L'Empereur au Roi d'Angleterre (1).

Télégramme (sans numéro).

Urgent.   Château de Berlin, le 1er août 1914 (2).

His Majesty the King,   London,

I just received the communication from your Government

-----

(1) D'après un projet écrit d'une main inconnue sur une formule de télégramme de l'Office télégraphique du Château. Cf. Livre Blanc allemand de mai 1915, p. 46.

(2) Expédié du Château 1er août 7 h. 2 soir. S'est croisé avec le no 574.

offering french neutrality under guarantee of Great Britain (3). Added to this offer was the enquiry, whether under these conditions Germany would refrain from attacking France. On technical grounds my mobilisation which had already been proclaimed this afternoon must proceed against two fronts east and west as prepared (4). This cannot be countermanded because I am sorry your telegram came so (5) late. But if France offers me neutrality which must be guaranteed by the British fleet and army I shall of course refrain from attacking France and employ my troops elsewhere. I hope that France will not become nervous. The troops on my frontier are in the act of being stopped by telegraph and telephon [e] from crossing into France (6).

WILLIAM.

Traduction.

Sa Majesté le Roi, Londres.

Je viens de recevoir la communication de Ton Gouvernement offrant la neutralité de la France sous la garantie de la Grande-Bretagne. Ajoutée à cette offre était une demande à l'effet de savoir dans quelles conditions l'Allemagne s'abstiendrait d'attaquer la France. Pour des raisons techniques, ma mobilisation, qui avait été déjà proclamée cet après-midi, doit être dirigée sur deux fronts, à l'est et à l'ouest, comme elle était préparée. Ceci ne peut être contremandé, parce que, à mon grand regret, Ton télégramme est arrivé trop tard. Mais si la France m'offre la neutralité, qui doit être garantie par la flotte et l'armée britanniques, je m'abstiendrai d'attaquer la France et j'emploierai mes troupes ailleurs. J'espère que la France ne deviendra pas nerveuse. Mes troupes sur ma frontière sont sur le point d'être invitées par télégraphe et téléphone à s'abstenir de traverser la frontière française.

GUILLAUME.

---

(3) Voir nº 562.

(4) Au lieu de « as prepared » il y avait tout d'abord « till all troops have been disembarked ».

(5) Dans une copie du projet qui se trouve aux Archives « too late » se trouve à la place de « so late ».

(6) Voir nº 612.

N° 576

L'Ambassade à Londres
au Ministère des Affaires Etrangères (1).

Télégramme 208.

Londres, le 1er août 1914 (2).

D'après un rapport officiel, le Premier Ministre a fait hier, à la Chambre des Communes, la déclaration suivante :

We have just heard, not from St. Petersburg, but from Germany that Russia has proclaimed a general mobilisation of her army and fleet and that in consequence of this martial law was to be proclaimed for Germany. We understand this to mean that mobilisation will follow in Germany, if Russian mobilisation is general and is proceeded with. In the circumstances I should prefer not to answer any questions till Monday next.

GERMAN EMBASSY.

Traduction.

Nous venons d'apprendre, non de Saint-Pétersbourg, mais de l'Allemagne, que la Russie a proclamé la mobilisation générale de son armée et de sa flotte et qu'en conséquence l'état de menace de guerre a été proclamé en Allemagne. Nous comprenons que cela veut dire que la mobilisation suivra en Allemagne si la mobilisation russe est générale et si elle continue. Dans ces conditions je préfère ne répondre à aucune question avant lundi prochain.

Ambassade d'Allemagne.

---

(1) D'après la copie du télégramme envoyé en clair à l'Office central télégraphique de Berlin.

(2) Remis à Londres 1 h. 33 après-midi, parvenu au Ministère des Affaires Etrangères 7 h. 15 soir. Timbre d'enregistrement à l'entrée : 1er août après-midi.

N° 577

L'Ambassadeur à Vienne
au Ministère des Affaires Etrangères (1).

Télégramme 147.

Vienne, le 1er août 1914 (2).

En me référant à une conversation téléphonique d'aujour-

---

(1) D'après le déchiffrement.

(2) Remis à Vienne 1 h. 30 après-midi, parvenu au Ministère des Affai-

d'hui entre le Ministère des Affaires Etrangères et le comte Forgach.

Le comte Berchtold fait immédiatement connaître à Rome qu'en tenant compte de la situation actuelle il accepte l'interprétation italienne de l'article 7 (3).

Le Ministre, à qui j'ai rappelé très énergiquement que depuis des semaines j'ai appelé son attention de la façon la plus instante sur l'importance de cette affaire et que je l'avais toujours prié d'en finir, vu qu'on était menacé d'un danger, me déclara qu'il avait hier négocié pour la première fois avec le duc d'Avarna. Hier, encore avec ma coopération, le comte Berchtold a rédigé une déclaration qui a reçu l'assentiment du duc d'Avarna. L'Italie n'a donc pas le droit de dire qu'on a rejeté ses désirs. Le Ministre pense que l'attitude de l'Italie est la conséquence de celle de l'Angleterre.

Tschirschky.

res Etrangères 7 h. 15 soir. Timbre d'enregistrement à l'entrée : 1er août après-midi. A été devancé par le télégramme 152 (no 573) remis plus tard.

(3) Voir no 594.
(4) Voir no 573.

N° 578

**Le Chancelier de l'Empire
à l'Ambassadeur à Londres (1).**

Télégramme 204.

Berlin, le 1er août 1914 (2).

L'Allemagne est prête à accepter la proposition anglaise (3) au cas où l'Angleterre répondrait de la neutralité sans réserve de la France dans le conflit germano-russe, soit de sa neutralité jusqu'à la fin complète de ce conflit. Quant à la détermination du moment où ce conflit sera terminé, c'est une question que l'Allemagne décidera seule.

La mobilisation allemande a été commencée aujourd'hui

(1) D'après le projet de la main de Jagow. Cf. Livre Blanc allemand de mai 1915, p. 46.
(2) 7 h. 15 soir à l'Office central télégraphique.
(3) Voir nos 562 et 570.

à la suite de la provocation russe avant que le télégramme 205 (4) soit parvenu. Par suite nous ne pouvons plus rien changer à notre marche vers la frontière française, mais nous nous engageons à ne pas franchir la frontière française jusqu'au lundi 3 août au cas où d'ici là nous aurions obtenu l'assentiment de l'Angleterre (5).

Bethmann Hollweg.

(4) Voir nº 562.
(5) Voir nᵒˢ 6o3, 63o, 631.

Nº 579

Le Secrétaire d'Etat des Affaires Etrangères à l'Ambassadeur à Londres (1).

Télégramme 205.

Berlin, le 1ᵉʳ août 1914 (2).

Je vous prie de remercier Sir Edward Grey de sa proposition qui, malheureusement, n'est parvenue qu'après la déclaration de mobilisation, mais qui, ainsi qu'on peut l'espérer, peut encore avoir des résultats. Une réponse détaillée est envoyée en même temps en chiffres et exige une exécution aussi prompte que possible (3).

Jagow.

(1) D'après la minute de la main de Jagow.
(2) A l'Office central télégraphique 7 h. 20 soir.
(3) Voir nᵒˢ 562, 57o et les numéros cités dans la note 4.

Nº 580

Lord Rothschild à l'Empereur (1).

Télégramme (sans numéro).

Londres, le 1ᵉʳ août 1914 (2).

His Imperial Majesty the German Emperor. Berlin.
Sire, I am fully aware that your Majesty is straining every

(1) D'après la copie de l'Office télégraphique du Château.
(2) Remis à Londres 1ᵉʳ août 3 h. 45 après-midi, parvenu à Berlin, Office

nerve in favour of peace and it is because I am aware of
this and because I have always been such a warm and devoted
admirer of your Majesty's policy, that I venture to adress
your Majesty at such a very critical moment, when the bles-
sings of peace or the horrors of war are evenly balanced.
Will your Majesty therefore send me a proposal which I
could at once lay before my friends and which would be of
such a nature as would find favour both at St. Petersburg
and at Vienna and which could be warmly supported by my
friends ? I venture most earnestly to hope that your Majesty
will most graciously reply who begs to subscribe himself
your Majesty's most faithful and obedient servant.

Alfred de Rothschild, I Seamore Place (3).

Une vieille connaissance que je respecte
beaucoup ! Environ 75 à 80 ans !

Traduction.

Sa Majesté Impériale l'Empereur d'Allemagne.

Berlin.

Sire, je sais bien que Votre Majesté fait tous ses efforts en faveur de la
paix, et c'est parce que je le sais, parce que j'ai toujours été un chaud et
dévoué admirateur de la politique de Votre Majesté, que je me permets de
m'adresser à Votre Majesté en ce moment critique où les bénédictions de la
paix et les horreurs de la guerre se trouvent en balance. Votre Majesté con-
sentirait-elle à m'envoyer des propositions que je pourrais soumettre à mes
amis et qui seraient de nature telle qu'elles seraient accueillies favorable-
ment à Saint Pétersbourg et à Vienne et qui pourraient être énergiquement
appuyées par mes amis ? Je me permets d'espérer que Votre Majesté vou-
dra bien répondre très gracieusement à celui qui signe votre plus fidèle et
plus obéissant serviteur.

ALFRED DE ROTHSCHILD, I Seamore Place.

---

télégraphique du Château 7 h. 30 soir. Timbre d'enregistrement à l'entrée
du Ministère des Affaires Etrangères : 1er août.

(3) Sur une feuille annexe, note de Zimmermann : « Répondre au nom de
Sa Majesté » et la contre-remarque de Stumm : « Comme les câbles sont
fermés, inutile. »

N° 581
Le Ministre à Bruxelles
au Ministère des Affaires Etrangères (1).

Télégramme 20.

Bruxelles, le 1er août 1914 (2).

Le baron van der Elst, à qui j'ai communiqué confidentiellement la déclaration du Grand Duc (3) l'a accueillie avec ironie et m'a assuré qu'elle n'avait aucun fondement. La Belgique n'avait pour désir et pour devoir que de défendre sa neutralité contre tous ceux qui l'attaqueraient.

A la suite de cette conversation, le baron Elst m'a déclaré à titre purement personnel que, vu l'état fortement surexcité de l'opinion publique dans le pays, il serait de la plus haute importance d'obtenir une déclaration du Gouvernement impérial portant que l'Allemagne respectera les frontières du Royaume. Le Secrétaire Général répondit négativement à la question que je lui adressai demandant si la France avait déjà remis une semblable déclaration. On n'avait jusqu'ici reçu à ce sujet que des avis oraux n'ayant aucun caractère officiel. La Belgique n'en avait pas jusqu'ici demandé à la France, mais il croyait qu'il en obtiendrait une si elle la demandait.

Le baron Elst insinua encore que l'Angleterre avait fait parvenir une communication (4) qui était connue à Berlin et à Paris. Il ne voulut pas m'en dire plus long. Cela est peut-être connexe à une nouvelle qui vient de courir et qui émane de milieux de banques d'après lesquels l'Angleterre, le cas échéant, aurait l'intention de débarquer un corps expéditionnaire de 30 à 100.000 hommes à Zeebrugge. On dit encore que 11 torpilleurs se trouvent devant Zeebrugge et 141 navires de guerre anglais devant Flessingue.

BELOW.

(1) D'après le déchiffrement.

(2) Remis à Bruxelles 1 h. 40 après-midi, parvenu au Ministère des Affaires Etrangères 7 h. 40 soir. Timbre d'enregistrement à l'entrée : 1er août après-midi. Communiqué le 2 août 12 h. 5 matin à l'Etat-Major général, au Ministère de la Guerre, à l'Etat-Major de la Marine et au Ministère de la Marine.

(3) Voir n° 505.

(4) Voir nos 522 et 584.

N° 582

Le Chargé d'affaires à Bucarest
au Ministère des Affaires Etrangères (1).

Télégramme 54.   Sinaïa, le 1ᵉʳ août 1914 (2).

Vos instructions ont été exécutées (3). Le ministre d'Italie vient, conformément aux instructions de son Gouvernement, de déclarer à Sa Majesté le Roi que l'Italie, en cas de conflagration imminente, ne se considérerait pas comme liée par l'alliance, vu qu'elle était d'avis qu'on se trouvait en présence d'une provocation de l'Autriche-Hongrie (4). Sa Majesté le Roi, qui m'a fait en personne cette communication, a ajouté que cette clause existait aussi dans son traité. Sà Majesté se propose de convoquer le Conseil de la Couronne pour délibérer sur les dispositions à prendre. Le Président du Conseil Bratiano m'a assuré qu'il préparait la mobilisation sans bruit et qu'il avait l'intention de mobiliser immédiatement après et il m'a signalé les difficultés qu'opposerait à cette mesure l'opinion publique qui était absolument *hostile* à l'Autriche. Il fit toutefois ressortir qu'il ferait tout son possible pour satisfaire aux obligations de l'alliance. Bratiano désire que la Hongrie donne aux Roumains de Transylvanie certaines assurances portant qu'après la guerre on leur accorderait plus de droits. En ce qui concerne la Bessarabie, Bratiano a déclaré (5) qu'elle n'aurait de valeur pour la Roumanie que si la Russie était obligée de céder d'autres territoires à l'Autriche et à l'Allemagne et était assez affaiblie pour que cette province pût rester en fait d'une manière durable en possession de la Roumanie. Le ministre de Russie a demandé à Bratiano quelle attitude la Roumanie prendrait

---

(1) D'après le déchiffrement.

(2) Remis à Sinaïa 3 heures après-midi, parvenu au Ministère des Affaires Etrangères 7 h. 40 soir. Timbre d'enregistrement à l'entrée : 1ᵉʳ août après-midi. Télégramme communiqué à l'Etat-Major général, au Ministère de la Guerre, à l'Etat-Major de la Marine et au Ministère de la Marine, transmis le 2 août 1 h. 30 matin.

(3) Voir n° 506.

(4) Voir n° 534.

(5) Voir n°ˢ 506, 507 et 561.

en cas d'une guerre de l'Autriche-Hongrie avec la Russie. M. Bratiano a répondu que dans l'état actuel des choses il n'était pas en mesure de se prononcer à ce sujet. M. Bratiano m'a dit qu'au cas où l'Italie ne marcherait pas, il y aurait un déficit d'un contingent de 40.000 hommes qu'elle devait mettre ici à sa disposition.

L'opinion ici est comme autrefois hostile à l'Autriche.

WALDBURG.

N° 583
Le Président du Bureau international de la Paix à l'Empereur (1).

Télégramme (sans numéro).

Berne, le 28 juillet 1914 (2).

A Sa Majesté l'Empereur Guillaume II, Neues Palais.

Confiant dans les sentiments de justice et dans l'esprit pacifique dont Votre Majesté a donné au monde tant de preuves nous La conjurons de mettre fin à l'angoisse qui étreint les peuples en provoquant par Sa médiation le rendement pacifique du conflit austro-serbe. Au nom du bureau international de la paix.

Le Président,

LA FONTAINE (3).

---

(1) D'après la copie de l'Office télégraphique du Nouveau Palais.

(2) Remis à Berne le 28 juillet 6 h. 50 après-midi, parvenu à Berlin le 29 juillet 8 h. 7 soir. Timbre d'enregistrement à l'entrée : 1er août après-midi.

(3) Reproduction littérale de l'original en français. (Note du Traducteur).

N° 584
Le Ministre à Bruxelles au Ministère des Affaires Etrangères (1).

Télégramme 21.

Bruxelles, le 1er août 1914 (2-3).

Communication à la Belgique   M. Davignon me fait dire que le minis-

---

(1) D'après le déchiffrement.

(2) Remis à Bruxelles 4 h. 15 après-midi, parvenu au Ministère des

<table>
<tr><td style="vertical-align:top; width:35%">

Nos inquiétudes que nous avons déjà exprimées dans la note qui doit être remise ce soir à la Belgique sont confirmées par le fait que la France a déjà, en violant le droit des gens, entrepris contre nous des actes hostiles : lancement de bombes d'aviateurs sur le territoire allemand, violation de la frontière par des patrouilles de cavalerie. Signaler à notre ministre à Bruxelles qu'il fasse ressortir expressément ces faits en remettant la note.

C'est de cela que dépendra l'intervention de l'Angleterre contre nous.

</td><td style="vertical-align:top">

tre de France vient de faire au nom de son Gouvernement une déclaration officielle portant que la France, en cas de conflit international, a l'intention de respecter la neutralité belge. Cette décision ne pourrait être modifiée éventuellement que si la neutralité de la Belgique était violée par une autre puissance. Cette déclaration doit être publiée ce soir dans la presse.

En ce qui concerne la communication de l'Angleterre à laquelle le baron Elst a fait allusion, en me parlant, M. Davignon me fit savoir qu'elle avait trait à la question du Gouvernement britannique à *Berlin* et à Paris au sujet de la *préservation de la neutralité de la Belgique* (4).

BELOW.

</td></tr>
</table>

Affaires Etrangères 8 h. 12 soir. Timbre d'enregistrement à l'entrée : 1er août après midi. Communiqué le 2 août à l'Etat-Major Général, au Ministère de la Guerre, à l'Etat-Major de la Marine et au Ministère de la Marine, transmis par messager 12 h. 5 matin. Le déchiffrement a été soumis à l'Empereur (les annotations marginales sont manifestement du 2 août.) En ce qui concerne l'exécution de cette décision marginale, voir no 682.

(3) Voir no 581.
(4) Voir no 522.

N° 585

**L'Ambassadeur à Vienne
au Ministère des Affaires Etrangères (1).**

Télégramme 153.

Secret. Vienne, le 1er août 1914 (2).

Le comte Berchtold croit indiqué que la Bulgarie soit informée le plus tôt possible par Berlin de l'existence de la con-

---

(1) D'après le déchiffrement.
(2) Remis à Vienne 5 h. 30 après-midi, parvenu au Ministère des Affaires Etrangères 8 h. 30 soir. Timbre d'enregistrement à l'entrée : 1er août après-midi.

vention avec la Turquie, parce que cette communication pourrait exercer une influence décisive sur l'attitude de la Bulgarie.

Tschirschky.

No 586
Le Secrétaire d'État des Affaires Etrangères à l'Ambassadeur à Constantinople (1).

Télégramme 298.

Berlin, le 1er août 1914 (2).

Le marquis Pallavicini a demandé à Vienne des instructions au sujet de l'accession de la Turquie à l'alliance (3).

Jagow.

---

(1) D'après la minute de la main de Jagow.

(2) 8 h. 3o soir à l'Office central télégraphique.

(3) L'ambassadeur à Vienne avait été avisé le 31 juillet (télégramme 212 à l'Office télégraphique 1er août 12 h. 25 après midi) des négociations relatives à l'alliance avec la Turquie (no 32o) et il avait été chargé « d'agir énergiquement pour que le représentant autrichien à Constantinople fût chargé immédiatement d'ouvrir des négociations de même nature avec la Porte ». Là-dessus, l'ambassadeur à Vienne avait annoncé le 1er août (Télégramme 148, parti de Vienne 1 h. 5 après-midi, au Ministère des Affaires Étrangères 4 h. 10 après-midi) : « Le marquis Pallavicini reçoit immédiatement des instructions à cet effet. »

No 587
Le Secrétaire d'État des Affaires Étrangères à l'Ambassadeur à Paris (1).

Télégramme 186.

Urgent.

Berlin, le 1er août 1914 (2).

Grey a ouvert au prince Lichnowsky la perspective d'une proposition d'après laquelle l'Angleterre garantirait la neu-

---

(1) D'après la minute. Projet de la main de Stumm.

(2) 8 h. 45 soir à l'Office central télégraphique.

(3) Voir no 562.

tralité de la France si nous n'attaquions pas la France. Nous espérons pouvoir entrer dans ces vues si l'on accepte nos conditions que nous avons immédiatement télégraphiées à Londres (4). Ce qui précède n'est que pour l'information personnelle de Votre Excellence.

Je vous prie de calmer les Français pour l'instant; de notre côté nous ne nous proposons aucun acte d'hostilité contre la France en dépit de la mobilisation qui était déjà ordonnée avant la réception de la proposition de Londres.

Jagow.

---

(4) Voir nos 575 et 578.

N° 588

L'Ambassadeur à Saint-Pétersbourg
au Ministère des Affaires Etrangères (1).

Télégramme 214.

Pétersbourg, le 1er août 1914 (2).

Le télégramme n° 159 (3) est parvenu ici à 5 h. 45 après-midi, heure russe.

Après le déchiffrement, j'ai par trois fois demandé à M. Sasonow, à 7 heures, heure russe, s'il pouvait me donner la déclaration réclamée par le télégramme n° 153 (4) relativement à l'arrêt des mesures de guerre contre nous et l'Autriche. Après qu'il eût par trois fois répondu négativement à cette question, j'ai remis la note prescrite.

Pourtalès.

---

(1) D'après une copie établie au Ministère des Affaires Etrangères d'après les archives de l'ambassade à Pétersbourg. Le télégramme n'est pas parvenu à temps au Ministère des Affaires Etrangères. Le numéro a été mis d'après les archives de l'ambassade.

(2) Parti de Pétersbourg le 1er août 8 h. soir.

(3) Voir n° 542.

(4) Voir n° 490.

N° 589
Le Ministre de Suisse
au Ministère des Affaires Etrangères (1).

[Berlin, le 1er août 1914].

Le Conseil fédéral a décidé la mobilisation de toute l'armée à partir d'aujourd'hui. Cette mesure a pour seul but le maintien de l'intégrité et de la neutralité suisse. Veuillez donner connaissance de ce qui précède au gouvernement allemand en l'informant qu'une déclaration de neutralité formelle lui sera notifiée ultérieurement.

Département politique (2)

HOFFMANN.

---

(1) D'après une copie non datée remise au Secrétaire d'Etat par le ministre de Suisse, le 1er août au soir. Communiqué le 3 août à l'Etat-Major général, au Ministère de la Guerre, à l'Etat-Major de la Marine et au Ministère de la Marine transmis 9 h. 15 soir.

(2) Reproduction littérale de l'original en français (Note du Traducteur).

N° 590
L'Ambassadeur à Paris
au Ministère des Affaires Etrangères (1).

Télégramme 240.

Paris, le 1er août 1914 (2).

Mobilisation de toute l'armée française ordonnée samedi (3) 5 heures après-midi. Dimanche premier jour de la mobilisation.

Klüber, attaché militaire.

SCHOEN.

---

(1) D'après le déchiffrement.

(2) Remis à Paris 6 h. après-midi, parvenu au Ministère des Affaires Etrangères 9 h. 6 soir. Timbre d'enregistrement à l'entrée : 1er août. Communiqué le 1er août à l'Etat-Major général, au Ministère de la Guerre, à l'Etat-Major de la Marine et au Ministère de la Marine.

(3) Samedi 1er août.

N° 591

La Commission du Sénat de la Ville libre et hanséatique de Hambourg, pour les affaires de l'Empire et les Affaires Etrangères, au Ministère des Affaires Etrangères (1).

Télégramme (sans numéro).

Hambourg, le 1ᵉʳ août 1914 (2).

La Commission du Sénat soussignée demande une information télégraphique pour savoir quand l'on doit remettre les passeports au ministre de Russie et dans quel délai le consul général de France doit être invité à quitter Hambourg avec son personnel; au cas où, avec l'invitation au consul général de France de quitter Hambourg, on devrait lui remettre des passeports, prière de le faire savoir.

La Commission du Sénat
pour les Affaires de l'Empire et les Affaires Etrangères.

---

(1) D'après une copie du télégramme.

(2) Remis à Hambourg 8 h. 3o soir, parvenu au Ministère des Affaires Etrangères 9 h. 7 soir. Timbre d'enregistrement à l'entrée : 1ᵉʳ août après-midi.

(3) Voir n° 636.

N° 592

Le Chargé d'affaires au Caire au Ministère des Affaires Etrangères (1).

Télégramme 31.

Alexandrie, le 1ᵉʳ août 1914 (2).

Le ministre d'Autriche a, aujourd'hui, sans instructions, et officieusement, demandé au Ministre des Affaires Etrangères si l'Egypte, au cas où l'Angleterre

---

(1) D'après le déchiffrement.

(2) Remis à Alexandrie 1 h. après-midi, parvenu au Ministère des Affaires Etrangères 9 h. 16 soir. Timbre d'enregistrement à l'entrée : 1ᵉʳ août après·

prendrait part à une guerre éventuelle, conserverait la neutralité. Des déclarations entortillées du Ministre, il résulterait que le Gouvernement khédivial avait le désir de rester neutre, mais qu'il avait conscience que, sous la pression de l'Angleterre, les ports égyptiens resteraient en tout temps ouverts aux *navires anglais dans la mesure la plus large*. L'idée que l'Egypte dans ces *conditions* serait considérée par *la Triple Alliance comme pays ennemi* et qu'il pourrait s'en suivre une action contre Alexandrie et, dans certaines circonstances, une *invasion italienne*, éveille chez les Anglais des préoccupations. L'Egypte souffre actuellement sensiblement du manque de *crédit et d'argent* et manquera bientôt *de denrées alimentaires*.

oui

oui

RICHTHOFEN.

midi. Le déchiffrement a été soumis à l'Empereur qui, par une décision marginale en a ordonné la communication à l'Etat-Major général et à l'Etat-Major de la Marine. Rendu par l'Empereur le 1ᵉʳ août. Le télégramme de Richthofen a été communiqué le 1ᵉʳ août à l'Etat-Major général, à l'Etat-Major de la Marine, au Ministère de la Guerre et au Ministère de la Marine.

N° 593

**Le Secrétaire d'Etat des Affaires Etrangères
à l'Ambassadeur à Saint-Pétersbourg (1).**

Berlin, le 1ᵉʳ août 1914 (2).

Télégramme 164.

Je vous prie de communiquer par écrit au Gouvernement russe, en remettant la déclaration de guerre, que nous arrê-

(1) D'après la minute. Projet dicté par le Dʳ Kriege, Directeur de la division juridique du Ministère des Affaires Etrangères.
(2) 9 h. 40 soir à l'Office central télégraphique.

terons dans nos ports les navires de commerce portant le pavillon russe, mais que nous les remettrons en liberté si dans l'espace de quarante-huit heures nous recevons promesse de réciprocité.

Jagow.

N° 594

L'Ambassadeur d'Autriche-Hongrie
au Secrétaire d'Etat des Affaires Etrangères (1).

Paris, le 1er août 1914 (2).

Excellence,

Le comte Berchtold m'a chargé de communiquer à Votre Excellence qu'il a remis à l'ambassadeur d'Italie à Vienne la déclaration suivante :

« Je considère qu'une divergence de vue sur l'interprétation de l'Article vii forme un élément d'incertitude pour nos relations du présent et de l'avenir qui pourrait être préjudiciable aux rapports d'intimité entre les deux puissances. J'accepte l'interprétation donnée à l'article vii par l'Italie et l'Allemagne à condition que l'Italie observe une attitude amicale par rapport aux opérations de guerre engagées actuellement par l'Autriche-Hongrie et la Serbie et remplira ses devoirs d'allié dans le cas où le conflit actuel pourrait amener une conflagration générale. » (3)

M. de Mérey a été chargé de porter immédiatement ce qui précède à la connaissance du marquis de San Giuliano.

Votre bien dévoué,

Szögyény.

---

(1) D'après l'expédition qui a été remise au Ministère des Affaires Etrangères par le baron Haymerle conformément aux instructions du comte Szögyény. Bergen a fait à ce sujet le 1er août les remarques suivantes : «...Le texte ne concorde pas avec le télégramme n° 573 de M. de Tschirschky. L'Empereur François-Joseph a adressé à Sa Majesté un télégramme que le comte Szögyény remettra demain à Sa Majesté ». Cf. aussi le n° 577.

(2) Timbre d'enregistrement à l'entrée du Ministère des Affaires Etrangères : 2 août après-midi. Voir en outre Livre Rouge austro-hongrois II, n° 20. Là figure aussi le texte allemand.

(3) Reproduction littérale de l'original en français (Note du Traducteur).

N° 595
L'Ambassade d'Angleterre
au Ministère des Affaires Etrangères (1).

AIDE-MÉMOIRE

Sir Edward Grey states that he hears from the Russian Government that the Austro-Hungarian Government are prepared to discuss matters with the Russian Government and that the Russian Government are prepared to accept mediation as the basis of such discussion, a basis which is not open to the objections which were raised to the formula originally suggested by Russia.

Sir Edward Grey still believes that it might be possible to secure peace if only a little respite in time could be gained before war is begun by one of the Great Powers. His Majesty's Government are, he states, taking care to abstain from taking any action which may precipitate matters, and he hopes that the Imperial Government may see their way to making some use of the above-mentioned communication from the Russian Government with a wiew to relieving the existing tension.

Whilst Russia and Austria are ready to converse, he says, matters ought not to be hopeless.

Berlin, August 1, 1914 (2).

Traduction.

AIDE-MÉMOIRE

Sir Edward Grey déclare qu'il a appris du Gouvernement russe que le Gouvernement autro-hongrois est disposé à discuter les affaires avec le Gouvernement russe et que le Gouvernement russe est disposé à accepter une médiation comme base de cette discussion, base qui ne prête pas le flanc aux objections qu'avait provoquées la formule proposée à l'origine par la Russie.

Sir Edward Grey croit encore qu'il serait possible de sauvegarder la paix si l'on pouvait gagner quelque répit avant que la guerre fût commencée par

____

(1) D'après le déchiffrement. Cf. Livre Bleu anglais, 1914, n°s 131 et 138. Le n° 138 n'est parvenu à Londres que le 2 août.

(2) Timbre d'enregistrement à l'entrée du Ministère des Affaires Etrangères : 2 août.

une des grandes puissances. Le Gouvernement de Sa Majesté, déclare-t-il, prend soin de s'abstenir de toute mesure qui pourrait précipiter les événements, et il espère que le Gouvernement impérial trouvera moyen de faire usage de la communication ci-dessus mentionnée du Gouvernement russe en vue d'apaiser la tension existante.

Tant que la Russie et l'Autriche sont prêtes à causer, dit-il, on ne doit pas considérer la situation comme sans espoir.

Berlin, le 1er août 1914.

N° 596

L'Ambassadeur à Londres
au Ministère des Affaires Etrangères (1).

Télégramme 212.

London.

Le galimatias de Grey montre qu'il ne sait absolument pas ce qu'il doit faire. Nous attendrons maintenant la décision de l'Angleterre. Je viens d'apprendre que l'Angleterre vient de couper le câble d'Emden. C'est une mesure de guerre ! Alors qu'elle négocie encore.

Londres, le 1er août 1914 (2).

Sir Eward Grey vient de me lire la déclaration suivante qui a été adoptée à l'unanimité par le Cabinet :
The reply of the German Government with regard to the neutrality of Belgium is a matter of very great regret, because the neutrality of Belgium does affect feeling in this country. If Germany could see her way to give the same positive reply as that which has been given by France (3), it would materially contribute to relieve

---

(1) D'après le déchiffrement. Cf. Livre Blanc allemand de mai 1915, p. 48.

(2) Remis à Londres 5 h. 47 après midi, parvenu au Ministère des Affaires Etrangères 10 h. 2 soir. Timbre d'enregistrement à l'entrée : 1er août après-midi. Communiqué à l'Etat-Major général, au Ministère de la Guerre, à l'Etat-Major de la Marine et au Ministère de la Marine. Soumis à l'Empereur le 2 août après-midi ainsi qu'il résulte d'une annotation marginale de sa main (2. VII [I] 14, 4 h. 30 après-midi, 5 h. 30 après-midi) et rendu par lui le même jour au Ministère.

(3) Voir n° 584.

anxiety and tension here, while on the other hand, if there were a violation of the neutrality of Belgium by one combatant while the other respected it, it would be extremely difficult to restrain public feeling in this country.

.... (4) Quand je lui demandai si, à la condition que nous respecterions la neutralité belge, il pourrait me donner une *déclaration précise de neutralité* de la Grande-Bretagne, le Ministre répondit *que cela ne lui était pas possible*, mais que cette question jouerait un grand rôle dans l'opinion publique d'ici. Si nous violions la neutralité belge dans une guerre avec la France, il y aurait certainement un revirement dans l'opinion publique *qui rendrait difficile à ce Gouvernement d'adopter une neutralité amicale*. Provisoirement *il n'existait pas la moindre intention de, procéder contre nous à des actes d'hostilité*. On désirait l'éviter autant que possible, mais il était difficile de *tirer*

C'est donc une fourbe canaille !

Fadaises ! elle ne l'a pas adoptée jusqu'ici.

Mensonge ! Il l'a dit lui-même il y a quatre jours à Lichnowsky.

---

(4) Altération du texte. D'après la minute se trouvant aux Archives de l'ambassade de Londres, on peut lire : « Sur ma demande... »

une ligne de démarcation in-
diquant jusqu'où nous pourrions aller sans qu'on inter-
vînt de ce côté. Il revint toujours à la question de la neutralité belge et il déclara
qu'en tout cas cette question
jouerait un très grand rôle. Il
s'était aussi demandé s'il ne
serait pas possible pour *nous
et pour la France*, au cas
d'une guerre russe, de rester
armés en présence l'un de
l'autre *sans nous attaquer*(5).
Je lui demandai s'il était en
mesure de me déclarer que la
France accepterait un pacte
de cette nature. Comme nous
ne voulions ni détruire la
France, ni conquérir aucune
partie de son territoire, je
pouvais supposer que nous
accepterions un accord de
cette nature qui nous assu-
rerait la neutralité de la
Grande-Bretagne.

Le Ministre me dit qu'il
voulait se renseigner (6) ; il
ne méconnut pas d'autre
part la difficulté de maintenir de part et d'autre
les militaires dans un état
d'inaction. Mon impression
d'ensemble est qu'ici on
voudrait, autant que pos-

(5) En marge, à droite : ! de l'Empereur.
(6) En marge à gauche : ! de l'Empereur.

sible, rester en dehors d'une guerre, mais que la réponse donnée par M. le Secrétaire d'État à Sir E. Goschen au sujet de la neutralité de la Belgique a produit ici une impression défavorable (7).

LICHNOWSKY.

Mon impression est que M. Grey est une canaille fourbe qui a peur de ses propres vilenies et de sa politique de mensonge, qui ne veut pas prendre ouvertement parti contre nous, mais qui veut y être obligé par nous.

Traduction de la partie en anglais.

La réponse du Gouvernement allemand, en ce qui concerne la neutralité de la Belgique, est un fait que nous regrettons profondément, parce que la neutralité de la Belgique affecte le sentiment public dans ce pays. Si l'Allemagne trouvait le moyen de donner la même réponse que celle qui avait été donnée par la France, cela contribuerait en fait à calmer l'anxiété et la tension ici, alors que d'autre part, s'il y avait une violation de la neutralité de la Belgique par un des belligérants alors que l'autre la respecterait, il serait extrêmement difficile de contenir l'opinion publique dans ce pays.

(7) Voir nᵒˢ 562, 570, 603, 630 et 631.

Nᵒ 597

**L'Ambassadeur à Vienne
au Ministère des Affaires Etrangères (1).**

Télégramme 154.

Vienne, le 1ᵉʳ août 1914 (2).

*Entendu
bien.*

Le comte Tarnowski est chargé d'agir à Sofia pour que la Bulgarie déclare à Bu-

(1) D'après le déchiffrement.
(2) Remis à Vienne 8 h. 30 soir, parvenu au Ministère des Affaires Etrangères 10 h. 17 soir. Timbre d'enregistrement à l'entrée : 1ᵉʳ août

La Roumanie doit immédiatement publier son traité avec l'Autriche et mobiliser immédiatement contre la Russie.

carest qu'aussi longtemps que *la Roumanie marchera avec la Triple Alliance,* elle n'aura *rien à craindre de la Bulgarie.*

Le ministre de Bulgarie à Bucarest a déjà reçu de son Gouvernement des instructions dans ce sens.

TSCHIRSCHKY.

après-midi. Le déchiffrement a été soumis à l'Empereur qui a noté : « 5 h. 3o après-midi. » Revenu le 2 août au Ministère. L'Empereur en a ordonné la communication à la légation de Bucarest, et à l'Etat-Major général ; la communication à l'Etat-Major général n'a pas été faite. Le télégramme de Tschirschky a été communiqué le 2 août à Bucarest, 1 h. 26 matin à l'Office central télégraphique.

N° 598
L'Ambassadeur à Paris
au Ministère des Affaires Etrangères (1).

Télégramme 241.

Paris, le 1er août 1914 (2).

Le télégramme 184 ne m'est parvenu qu'après trois heures (3).

Dans un nouvel entretien avec le Président du Conseil à 5 h. 1/2, celui-ci, en dépit de mon insistance, maintint la formule de cet après-midi au sujet de l'attitude de la France au cas d'une guerre russo-allemande (4).

Le Président du Conseil m'a déclaré que la mobilisation qu'on venait d'ordonner (premier jour dimanche) ne signifiait nullement des intentions agressives, ce qui serait également ment confirmé dans la proclamation. Il y avait toujours de

(1) D'après le déchiffrement.
(2) Remis à Paris 7 h. 5 soir, parvenu au Ministère des Affaires Etrangères 10 h. 17 soir. Timbre d'enregistrement à l'entrée : 1er août après-midi. Communiqué sur l'ordre de Zimmermann le 1er août à l'Etat-Major général, au Ministère de la Guerre, à l'Etat-Major de la Marine, au Ministère de la Marine.
(3) Voir n° 543.
(4) Voir n° 571.

la place pour la continuation des négociations sur la base de la proposition de Sir E. Grey à laquelle la France donne son assentiment et qu'elle soutient chaleureusement. On a pris soin, du côté français, d'éviter des incidents de frontière par l'évacuation d'une zône de 10 kilomètres.

Il ne pouvait pas renoncer à l'espoir de sauvegarder la paix.

Schoen.

N° 599
Le Chancelier de l'Empire à l'Empereur (1).

Berlin, le 1ᵉʳ août 1914 (2).

Sire,

Je vous remets respectueusement, ci-annexé, le projet d'un télégramme à S. M. le Tsar (3). En l'envoyant, l'idée me vient que Votre Majesté pourrait peut-être y ajouter un mot priant le Tsar d'ordonner immédiatement et strictement à ses troupes de s'abstenir de toute violation de frontière.

Votre fidèle sujet,

v. Bethmann Hollweg.

Nous n'avons reçu aucune nouvelle de Pétersbourg.

-----

(1) D'après l'expédition de la main du Chancelier de l'Empire.
(2) Annotation marginale de la main de l'Empereur : « I. viii. 1914, 9 h. 45 soir. G. ».
(3) Voir n° 600.

N° 600
L'Empereur au Tsar (1).

Télégramme (sans numéro).

Berlin, le 1ᵉʳ août 1914 (2).

Thanks for your telegram (3). I yesterday pointed out to

-----

(1) D'après le projet de la main du comte G. Wedel avec modifications et additions de la main de l'Empereur. Cf. Livre Blanc allemand de mai 1915, p. 10.
(2) Le projet a été soumis à 9 h. 45 soir à l'Empereur et est parvenu à

your government the way by which alone war may be avoided. Although I requested an answer for noon today, no telegram from my ambassador conveying an answer from your Government (4) has reached me as yet. I therefore have been obliged to mobilise my army.

Immediate affirmative clear and unmistakable (5) answer from your government is the only way (6) to avoid endless (7) misery. Until I have received this answer (8) alas, I am unable to discuss (9) the subject of your telegram. As a matter of fact I must request you to immediatly order your troops on no account to commit the slightest act of trespassing over our frontiers (10).

WILLY.

Traduction.

, Merci de Ton télégramme. J'ai signalé hier à Ton Gouvernement le seul moyen permettant d'éviter la guerre. Bien que j'aie demandé une réponse pour aujourd'hui midi, aucun télégramme de mon ambassadeur me transmettant une réponse de Ton Gouvernement ne m'est encore parvenu. J'ai été, en conséquence obligé de mobiliser mon armée. Une réponse immédiate, affirmative, claire et irrécusable de Ton Gouvernement est le seul moyen d'éviter des calamités sans bornes. Hélas, tant que je n'aurai pas reçu cette réponse, je serai dans l'impossibilité de discuter le sujet de Ton télégramme. En fait, je dois Te prier d'ordonner immédiatement à Tes troupes de ne commettre, sous aucun prétexte, la plus légère violation de nos frontières.

---

10 heures soir au Chancelier de l'Empire qui en a ordonné l'expédition immédiate en clair ; 10 h. 30 soir à l'Office central télégraphique. Expédié après le n° 666 à 10 h. 45 soir.

(3) Voir n° 546.

(4) « conveying… your Government » ajouté par l'Empereur.

(5) « clear and unmistakable » ajouté par l'Empereur.

(6) De l'Empereur : « the only way » au lieu de « necessary » du projet.

(7) De l'Empereur : « endless » au lieu de « inconceivable » du projet.

(8) « I have .. this answer » ajouté par l'Empereur.

(9) L'Empereur a substitué « discuss » à « enter upon » du projet.

(10) La phrase : « As a matter… our frontiers » ajoutée par l'Empereur.

N° 601
L'Empereur d'Autriche à l'Empereur (1).

Télégramme (sans numéro).

[1ᵉʳ août 1914].

Je Te remercie, cher Ami, de Ta communication qui réjouit mon cœur (2) et à cette heure grave je suis uni à Toi et je prie Dieu de donner à nos armées alliées la victoire dans leur lutte pour une cause juste.

Aussitôt que mon État-Major a appris que Tu étais décidé à commencer immédiatement la guerre contre la Russie et à la poursuivre de toutes Tes forces, on a également résolu ici de concentrer nos forces principales contre la Russie.

Tu peux être assuré que, de la part de mon armée, on fera les plus grands efforts pour que cette grande lutte aboutisse à un résultat heureux.

Mon attaché militaire à Berlin me fait part de l'accueil que Tu lui as fait hier. Je suis heureux et réjoui de Tes préparatifs étendus à l'effet d'augmenter nos forces par l'accession de nouveaux alliés.

En raison du caractère sérieux de la situation, mon ambassadeur à Rome a été chargé de déclarer au Gouvernement italien que nous sommes prêts à accepter son interprétation de l'article VII du traité au cas où l'Italie satisferait pleinement à ses obligations d'alliance (3). Je télégraphie moi-même au Roi d'Italie pour lui dire qu'après une collaboration pacifique de trente ans, nous comptons que les trois alliés réuniront leurs armées dans cette lutte décisive (4).

---

(1) D'après une copie non signée établie à l'ambassade d'Autriche-Hongrie et remise par l'ambassadeur à l'Empereur. Annotation marginale de l'Empereur : « Château de Berlin I. VIII, 14, remis par le comte Szögyény. 10 h. 30 soir, Guillaume I. R. » Timbre d'enregistrement à l'entrée du Ministère des Affaires Etrangères : 2 août. Note de l'aide de camp de Mutius du 2 août : « L'Etat-Major général en a reçu copie ». Décision marginale de l'Empereur : « Le Ministère des Affaires Etrangères doit me soumettre une réponse. Sur un pli annexé, décision du Chancelier du 2 août : « Je demande un projet ».

(2) Voir n° 503.

(3) Voir n° 594.

(4) Voir nᵒˢ 672 et 700.

N° 602

Le Ministre d'État et Président du Conseil du Luxembourg au Secrétaire d'État des Affaires Étrangères (1).

Télégramme (sans numéro).

Urgent.   Luxembourg, le 1er août 1914 (2).

Des officiers et soldats prussiens ont occupé aujourd'hui la gare luxembourgeoise de Ulflingen et ont arraché les rails sur notre (3) en deçà de la station. Ils doivent appartenir au régiment n° 69 de Trèves. Je ne puis que supposer qu'on se trouve en présence d'une erreur et j'attends des excuses. Mais c'est une raison de plus pour renouveler la demande que j'ai transmise au Ministère des Affaires Etrangères, par l'entremise du ministre d'Allemagne accrédité ici, priant le Gouvernement de l'Empire de vouloir bien déclarer comme il l'a fait en 1870, qu'il respectera la neutralité du Luxembourg, tant qu'elle ne sera pas violée par une autre puissance (4).

Le Ministre d'Etat, EYSCHEN.

(1) D'après la copie faite à l'Office central télégraphique du télégramme en clair adressé personnellement au Secrétaire d'Etat.

(2) Remis à Luxembourg le 1er août 9 h. 30 soir, parvenu à l'Office central télégraphique de Berlin 10 h. 45 soir. Timbre d'enregistrement à l'entrée du Ministère : 2 août après-midi.

(3) Dans la copie sic, il manque visiblement le mot territoire.

(4) Voir nos 619 et 640.

N° 603

L'Ambassadeur à Londres au Ministère des Affaires Etrangères (1).

Télégramme 214.

Londres, le 1er août 1914 (2).

Mon télégramme d'aujourd'hui n° 205 (3) est annulé par

(1) D'après le déchiffrement. Cf. Livre Blanc allemand de mai 1915, p. 49.

(2) Remis à Londres 8 h. 26 soir, parvenu au Ministère des Affaires Etrangères 11 h. 10 soir. Timbre d'enregistrement à l'entrée : 1er août après-midi.

(3) Voir n° 562.

mon télégramme suivant n° 212 (4). Comme nous ne nous trouvons pas en présence d'une proposition anglaise positive, le télégramme n° 204 (5) est sans objet. Aussi, je n'ai pas entrepris d'autres démarches (6).

LICHNOWSKY.

(4) Voir n° 596.
(5) Voir n° 578.
(6) Voir aussi n°s 630 et 631.

N° 604

**Le Chargé d'affaires à Bucarest
au Ministère des Affaires Etrangères (1).**

Télégramme 55.

Sinaïa, le 1er août 1914 (2-3).

On ne sait rien ici de la mobilisation à Braïla et à Constantza, et on n'a rien pu établir au sujet du transport de troupes venant de Constantza.

WALDBURG.

(1) D'après le déchiffrement.
(2) Remis à Sinaïa 7 h. 40 soir, parvenu au Ministère des Affaires Etrangères 11 h. 10 soir. Timbre d'enregistrement à l'entrée : 2 août matin. Communiqué à l'Etat-Major général, au Ministère de la Guerre, à l'Etat-Major de la Marine et au Ministère de la Marine
(3) Le télégramme est la réponse à une communication émanant de la mission militaire de Constantinople transmise à Berlin par l'ambassadeur d'Allemagne à Constantinople le 29 juillet, et communiquée de là le 30 juillet à Vienne (191) et à Bucarest (52) au sujet des mesures de mobilisation à Braïla et à Constantza.

N° 605

**Le Chancelier de l'Empire
à l'Ambassadeur à Londres (1).**

Télégramme 206.

Urgent.
Berlin, le 1er août 1914 (2).

Paris vient de nous informer que la France a mobilisé

(1) D'après la minute de la main du Chancelier de l'Empire.
(2) 11 h. 30 soir à l'Office central télégraphique.

cet après-midi à cinq heures, c'est-à-dire exactement à la même heure et à la même minute que nous (3). Nous ne pouvons maintenir notre assurance que nous ne franchirons pas la frontière française jusqu'à lundi soir 7 heures (4) qu'à la condition, naturellement, que la France respectera aussi strictement nos frontières.

BETHMANN HOLLWEG.

(3) Voir n° 590.
(4) Voir n° 578.

N° 606

Le Ministre à Luxembourg
au Ministère des Affaires Etrangères (1).

Télégramme 15.

Luxembourg, le [1er août] 1914 (2).

D'après une dépêche de l'Agence Havas le ministre de France à Bruxelles a déclaré que le Gouvernement français respectera la neutralité de la Belgique dans le cas où elle ne serait pas violée par une autre puissance. M. Eyschen désirerait recevoir les déclarations qu'il a demandées dans son télégramme 14 (3) avant l'ouverture des Chambres, lundi.

BUCH.

(1) D'après le déchiffrement.
(2) L'heure de la remise du télégramme à Luxembourg n'est pas indiquée. Parvenu au Ministère des Affaires Etrangères le 1er août 11 h. 35 soir. Timbre d'enregistrement à l'entrée : 2 août matin.
(3) Voir n° 486.

N° 607

Le Chancelier de l'Empire
aux Ambassadeurs à Vienne et à Rome (1).

Télégrammes 220, 159.

Berlin, le 1er août 1914 (2).

Exclusivement pour l'information personnelle de Votre Excellence.

(1) D'après la minute, projet de la main de Zimmermann.
(2) 11 h. 55 soir à l'Office central télégraphique.

Sir E. Grey a fait entrevoir au prince Lichnowsky la perspective d'une proposition d'après laquelle l'Angleterre resterait neutre et garantirait la neutralité française si nous n'attaquions pas la France. Nous espérons pouvoir entrer dans ces vues si on accepte nos conditions que nous avons immédiatement communiquées à Londres (3).

Bethmann Hollweg.

(3) Voir n° 562, voir aussi n° 613.

N° 608

**Projet d'un télégramme non envoyé
du Secrétaire d'Etat des Affaires Etrangères
à l'Ambassadeur à Paris (1).**

Urgent (2). Berlin, le 1er août 1914.

Au cas où le Gouvernement français ne donnerait pas de réponse satisfaisante à notre demande, je prie Votre Excellence de vouloir bien lui remettre aujourd'hui à 6 heures de l'après-midi, heure de l'Europe centrale, la déclaration suivante (3).

« Le Gouvernement allemand dès le commencement de la

(1) Le projet a été écrit de la main de Rosenberg, le 31 juillet après le départ de l'ultimatum à Paris (voir n° 491) signé par Jagow le 1er août, daté de ce jour, complété de la main de Jagow après la réception de la réponse définitive de Paris (1er août, 6 h. 10 après-midi. Voir n° 571) avec des additions et modifications du Chancelier de l'Empire et de Hammann. Le projet n'a pas été expédié, mais a été versé le 3 août par Rosenberg, à la demande de Stumm, dans les archives.

(2) En marge la note de Rosenberg destinée au Chancelier de l'Empire : « Au Chancelier de l'Empire en le priant de vouloir bien le soumettre à la haute approbation de l'Empereur. Le passage entre crochets au crayon a été ajouté à la demande directe de l'Etat-Major général ; il pourrait toutefois soulever des objections car au moment indiqué il serait possible que le délai de 18 heures ne fut pas encore expiré. Le télégramme ci-annexé doit partir au plus tard demain à midi. »

(3) A l'origine, il y avait dans le projet : « Votre Excellence... immédiatement après l'expiration du délai mais au plus tard aujourd'hui à 6 heures ». Les mots désirés par l'Etat-Major général sont ainsi conçus ; « mais au plus tard aujourd'hui à 6 heures de l'après-midi ». Ils ont été mis entre

crise, s'est efforcé de provoquer un règlement pacifique. Mais, alors que, sur le désir de Sa Majesté l'Empereur de Russie, et en contact avec l'Angleterre, il agissait en médiateur auprès de Vienne et de Saint-Pétersbourg, la Russie a mobilisé toute son armée et sa flotte. Cette mesure qui n'avait été précédée d'aucuns préparatifs militaires extraordinaires en Allemagne, a menacé la sécurité de l'Empire allemand. Ne pas prendre de mesures contre un pareil danger serait jouer l'existence de l'Empire. Le Gouvernement allemand, en conséquence, a sommé le Gouvernement russe, d'arrêter immédiatement la (4) mobilisation contre l'Allemagne et son alliée, l'Autriche-Hongrie. En même temps (5) le Gouvernement allemand en a donné connaissance au Gouvernement de la République française, et, vu les relations connues de la République avec la Russie, a demandé, une déclaration à l'effet de savoir si la France resterait neutre dans une guerre russo-allemande. A quoi (6) le Gouvernement français a donné une réponse équivoque et évasive portant que la France ferait ce que commanderaient ses intérêts (7). Par cette réponse, la France se réserve de se placer à côté de nos adversaires, et est en mesure de nous attaquer à chaque instant avec son armée qu'elle a mobilisée dans l'intervalle. L'Allemagne doit d'autant plus considérer cette attitude comme une menace (8) que la demande qu'elle a adressée à la Russie à l'effet d'arrêter la mobilisation de ses forces, en dépit d'un délai écoulé depuis longtemps, n'a reçu

---

crochets au crayon dans le projet, mais ensuite, les crochets ont été rayés. Les mots « immédiatement après l'expiration du délai, mais au plus tard » sont rayés. Voir pour ces diverses modifications la même procédure dans la rédaction de la déclaration de guerre à la Russie (n° 542).

(4) « la » substitué par le Chancelier de l'Empire à « sa ».

(5) Le passage : « Ne pas prendre de mesures... En même temps », a été ajouté dans le projet de la main de Jagow.

(6) La phrase : « A quoi le Gouvernement français... attaquer à chaque instant » a été ajoutée de la main de Jagow après la réception de la réponse définitive. Les mots « avec son armée qu'elle a mobilisée dans l'intervalle » ont été ajoutés de la main du Chancelier. Les additions de Jagow ont été précédées de plusieurs brouillons de sa main.

(7) Voir n° 571.

(8) « L'Allemagne doit... ce qui suit : » écrit de la main de Hammann.

aucune réponse et que par conséquent la guerre a éclaté entre la Russie et l'Allemagne. L'Allemagne ne peut laisser à la France le choix du moment où la menace de sa frontière de l'ouest deviendra un fait, mais, menacée de deux côtés, doit mettre immédiatement en œuvre sa défense.

« Je suis, en conséquence, chargé de déclarer à Votre Excellence ce qui suit :

« Sa Majesté l'Empereur d'Allemagne déclare au nom de l'Empire que l'Allemagne se considère comme en état de guerre avec la France. »

Je vous prie de me télégraphier immédiatement la réception et la date d'exécution de ces instructions d'après l'heure de l'Europe occidentale.

Je vous prie de réclamer vos passeports et de remettre la protection des sujets allemands et des affaires de l'ambassade à l'ambassade américaine (9).

JAGOW.

---

(9) La dernière phrase a été ajoutée de la main de Jagow.

N° 609
Le Grand Etat-Major général
au Ministère des Affaires Etrangères (1).

Strictement confidentiel.
Ecrit par un officier.

Berlin, le 1er août 1914 (2).

6e Communication
NOUVELLES JUSQU'AU 1er AOUT 4 HEURES APRÈS-MIDI.

AUTRICHE

Pour les corps non encore mobiles premier jour de la mobilisation 4 août; ils prennent des réserves dans leurs districts de recrutement. La frontière serbe n'a pas encore été franchie. Le 1er bataillon 73 (Prague) est détaché à la protection du Grand Quartier général dans le sud.

---

(1) D'après la polycopie envoyée par l'Etat-Major général. Voir n° 524.
(2) Timbre d'enregistrement à l'entrée : 1er août après-midi. Soumis à Zimmermann et à Jagow le 1er août.

SERBIE

Pachitch déclare que la Serbie peut compter sur l'aide de la Russie et les sympathies de la France et de l'Angleterre. L'armée serbe est dans une situation très critique (manque de munitions, de vivres, d'armes). A Arala (15 kilomètres au sud de Belgrade), se trouve la première position de défense.

MONTENEGRO

Aucunes intentions d'agression contre l'Autriche, mais ne veut pas admettre le démembrement de la Serbie.

GRÈCE

Rien de nouveau.

ROUMANIE

Les troupes de couverture sont sur le pied de guerre à la frontière bulgare. Le roi Carol soutient l'opinion que la Bulgarie, au cas d'une intervention russe, attaquerait la Roumanie. L'opinion publique est hostile à l'Autriche ; le Gouvernement ne veut pas soutenir la Russie.

BULGARIE

Le ministre à Athènes à déclaré officiellement la neutralité de la Bulgarie au cas d'une guerre entre l'Autriche et la Serbie. Les districts frontières bulgaro-serbes sont inondés de déserteurs serbes.

TURQUIE

Rien de nouveau.

BELGIQUE

Rien de nouveau.

HOLLANDE

Est forcée par l'Angleterre de se ranger aux côtés de la Triple-Entente. La mobilisation de l'armée, de la landwehr et de la marine a été ordonnée.

FRANCE

L'ordre d'occuper les positions de défense de la frontière semble avoir été donné le 31 juillet au soir :

En particulier : En face de Thionville probablement la

4ᵉ division de cavalerie (Sedan). — A l'ouest de Metz des fractions du 6ᵉ corps d'armée (Verdun). — Au nord et à l'est de Nancy, le 20ᵉ corps d'armée (Toul-Nancy). — Au nord-est de Lunéville, chasseurs et 2ᵉ division de cavalerie (Lunéville). — Dans les Vosges moyennes, fractions du 21ᵉ corps d'armée (Épinal). — A l'est de Belfort, des fractions de la 14ᵉ division d'infanterie (Petit-Croix).

Nouvelles impossibles à contrôler; grande concentration de troupes à Belfort.

ANGLETERRE

Le gouvernement est en faveur d'une intervention immédiate (pour surmonter rapidement la catastrophe économique). L'opinion dans le peuple est contraire à une guerre avec l'Allemagne. On procède à la concentration d'un corps expéditionnaire pour toute éventualité dans le comté d'Essex. Activité fiévreuse au Ministère de la Guerre et dans les camps. L'arsenal de Woolwich est surveillé étroitement. Dans l'île de Wight, bataillons d'infanterie et troupes territoriales. La première flotte est sur la côte est d'Ecosse. La 3ᵉ flotte probablement a passé Douvres ce matin dans la direction de l'est. La 2ᵉ flotte est à l'embouchure de la Tamise avec quatre navires lance-mines. Des croiseurs se trouvent sur la côte hollandaise et à l'ouest d'Héligoland. L'Amirauté compte sur le débarquement éventuel d'un corps expéditionnaire anglais dans les ports hollandais et belges, sous la protection de la seconde et de la troisième flottes et en même temps un blocus étroit de la baie allemande par la 1ʳᵉ flotte.

ITALIE

L'attaché militaire impérial autrichien assure que l'Italie satisfera fidèlement à ses obligations d'alliance.

SUISSE

D'après le décret du 31 juillet on a ordonné la prise des positions de piquet; probablement la mobilisation s'en suivra; le landsturm est convoqué. Ces mesures ne sont prises ni contre l'Allemagne, ni contre la France.

SUÈDE

Vraisemblablement aux côtés de la Triple-Alliance, l'opinion du peuple étant hostile à la Russie.

DANEMARK

13.000 hommes ont été appelés pour les fortifications maritimes ; 14.000 pour la flotte (3). Ces mesures ne sont prises que pour calmer l'opinion publique surexcitée qui réclame des mesures pour le maintien de la neutralité.

NORVÈGE

Les réservistes viennent d'être appelés. Le Gouvernement ne croit pas pour le moment d'autres appels nécessaires. Il ne semble pas qu'il y ait un accord avec l'Angleterre.

ESPAGNE

Rien de nouveau.

RUSSIE

Les nouvelles d'après lesquelles la Russie se proposerait d'évacuer la rive ouest de la Vistule se confirment. De grandes forces de cavalerie avec de l'infanterie (14ᵉ division de cavalerie) sont encore à Tchentochau. Kalisch semble encore être occupé. La ligne Kalisch-Sieradz a été coupée en plusieurs endroits. Près de Sieradz sont encore stationnés des détachements de la 13ᵉ division de cavalerie (patrouilles à Siemianitze). En outre, au nord, on annonce que les gardes-frontières se retirent. Au sujet de la 15ᵉ division de cavalerie, les nouvelles manquent. A l'ouest de la Vistule dans la région de Tchechanow se trouvent des détachements de toutes armes. Aucune nouvelle sur la 6ᵉ division de cavalerie. A Kolns (4) il semble qu'il y ait des troupes de couverture du 15ᵉ corps d'armée. A Schtchutchin, troupes de couverture du 6ᵉ corps d'armée. A Grajewo se trouve encore de la cavalerie en force (4ᵉ division de cavalerie). A Lomcha probablement concentration du 15ᵉ corps, à Osowjetz du 6ᵉ corps d'armée

---

(3) Les nᵒˢ 532 et 560 donnent 1.300 et 1.400 hommes.

(4) *Sic,* dans la polycopie.

probablement avec la 16ᵉ division d'infanterie. Il est parvenu des nouvelles sur des mouvements de cavalerie se dirigeant de la région de Suwalki dans la direction du sud. Augustow serait fortement occupé. A Wirballen la situation n'a pas changé. En ce qui concerne les fortifications de Nowo Georgiewsk et de Lomscha, on annonce qu'elles ne resteront pas armées alors qu'on travaille fiévreusement aux fortifications de Osowietz. La ligne Osowietz-Grajewo a été radicalement détruite. En ce qui concerne le parcours Mlawa-Tchechanow des nouvelles du même genre ont encore besoin d'être confirmées. On annonce de grands transports de troupes de Moscou dans la direction de Smolensk, et de Varsovie dans la direction de Brest. Les nouvelles relatives à des concentrations de troupes à Kjelze-Iwangorod se confirment.

P. O.

VON BARTENWERFFER, Major.

Nᵒ 610

**L'Ambassade d'Angleterre
au Ministère des Affaires Etrangères (1).**

[Berlin, le 1ᵉʳ (?) août 1914].

Les bateaux de la Great Central Railway Cⁱᵉ et d'autres bateaux ont été retenus par force à Hambourg.

Sir Edward Grey prie de les laisser partir sans délai, parce que l'effet sur l'opinion publique serait déplorable (2-3).

---

(1) D'après une copie manuscrite de Jagow. Note de Stumm : « présenté le 2 août à la nuit. » Timbre d'enregistrement à l'entrée du Ministère des Affaires Etrangères le 2 août. Voir Livre Bleu anglais, Nᵒ 130 du 1ᵉʳ août.

(2) En marge, note de la main de Stumm : « Question de l'ambassadeur d'Angleterre. Il a été informé que les navires avaient été mis en liberté ». Le 2 août à 12 h. 45 matin, on avait fait cette demande au Secrétaire d'Etat de la Marine ; voir Nᵒ 634 et la note 3.

(3) Reproduction littérale de l'original en français (Note du Traducteur).

N° 611
L'Ambassadeur à Londres
au Ministère des Affaires Etrangères (1).

Télégramme 213.

Londres, le 1ᵉʳ août 1914 (2).

La « Westminster Gazette » considère la situation comme extrêmement critique. Il faut que l'Angleterre voie clairement le parti qu'elle doit prendre. Le Premier Ministre a déclaré à la Chambre Basse que l'Angleterre en cas de guerre n'était forcée par aucun traité à y participer. L'Angleterre a donc maintenant une absolue *liberté d'action*. Toutefois il faudrait déclarer nettement à l'Allemagne qu'il existait *certains traités publics dont la violation par l'Allemagne* mettrait *l'Angleterre dans une* situation *difficile*. L'Allemagne sait en outre qu'une lutte allemande-*anglaise* (3) aurait des conséquences qui déchaîneraient l'opinion publique en Angleterre et pourraient amener l'Angleterre à *renoncer à sa neutralité* (4). Il fallait toutefois rejeter les tentatives faites de bien des côtés pour provoquer ici une fièvre de guerre et propager le plan d'envoyer un corps expéditionnaire sur le continent. L'Angleterre devait songer à la défense de son

française ! ?

---

(1) D'après la réception à l'Office central télégraphique. Télégramme en mots.

(2) Remis à Londres, le 1ᵉʳ août 6 h. 30 après-midi, reçu à l'Office central télégraphique 10 h. 45, parvenu au Ministère des Affaires Etrangères 2 août 12 h. 10 matin. La copie a été soumise à l'Empereur et rendue au Ministère des Affaires Etrangères le 2 août.

(3) En marge : !! de l'Empereur!

(4) « à renoncer à sa neutralité » souligné deux fois par l'Empereur.

Empire mondial et, en particulier, à la sécurité de l'Egypte et de l'Inde. La force de l'Angleterre consistait dans sa puissance navale, et elle devait servir à assurer la paix à l'Angleterre et à assigner certaines limites à la lutte entre les autres pays. Certainement la politique de paix offrait certains dangers, mais il y avait, toutefois, lieu d'espérer que l'Angleterre serait en mesure de maintenir sa situation de centre de ralliement de tous ceux qui veulent maintenir la paix en Europe.

LICHNOWSKY.

fadaises.

N° 612

Le Roi d'Angleterre à l'Empereur (1).

Télégramme (sans numéro).

[Londres, le 1er août 1914] (2).

In answer to your telegram (3) just received I think there must be some misunderstanding as to a suggestion that passed in friendly conversation between Prince Lichnowsky and Sir Edward Grey this afternoon when they were discussing how actual fighting between German and French armies might be avoided while there is still a chance of some agreement between Austria and Russia. Sir Edward Grey will arrange to see Prince Lichnowsky early to-morrow morning to ascertain whether there is a misunderstanding on his part.

GEORGE.

---

(1) D'après une copie. Cf. Livre Blanc allemand de mai 1915, p. 46.

(2) L'heure de l'expédition de Londres et de la réception à Berlin n'a pas été notée sur la copie. Timbre d'enregistrement à l'entrée du Ministère des Affaires Etrangères : 2 août.

(3) Voir N° 575.

Traduction

En réponse à Ton télégramme que je viens de recevoir, je crois qu'il doit y avoir quelque malentendu en ce qui concerne une proposition faite dans une conversation amicale entre le Prince Lichnowsky et Sir Edward Grey cet après-midi, alors qu'ils discutaient comment on pourrait éviter le combat entre les armées allemandes et françaises, alors qu'il y avait encore quelque chance d'accord entre l'Autriche et la Russie. Sir Edward Grey s'arrangera pour voir de bonne heure demain matin le prince Lichnowsky à l'effet de s'assurer s'il y a malentendu de sa part.　　　　　GEORGE.

N° 613
Le Chancelier de l'Empire
aux Ambassadeurs à Vienne et à Rome (1)

Télégramme 221,160.

Urgent　　　　　　　　　Berlin, le 2 août 1914 (2).

La communication du Prince Lichnowsky (3) repose sur un malentendu.

BETHMANN HOLLWEG.

---

(1) D'après la minute. Projet dicté par Stumm.
(2) A l'Office Central télégraphique 12 h. 50 matin.
(3) Voir n° 607.

N° 614
L'ambassadeur à Rome
au Ministère des Affaires Etrangères (1).

Télégramme 169.

Rome, le 1er août 1914 (2).

J'ai, de concert avec l'ambassadeur d'Autriche, insisté encore une fois de la façon la plus énergique en faveur de la

---

(1) D'après le déchiffrement.
(2) Remis à Rome le 1er août 10 h. 55 soir, parvenu au Ministère des Affaires Etrangères le 2 août 1 h. 7 matin Timbre d'enregistrement à l'entrée : 2 août matin. Le déchiffrement a été soumis à l'Empereur qui, par

Coquin ! Le Roi ne m'a même pas encore répondu.

coopération avec les alliés. Le marquis de San Giuliano répondit qu'il n'avait pas encore de nouvelles de Vienne, il n'a fait aucune promesse, mais s'est déclaré prêt à soumettre encore une fois la question ce soir au Conseil des Ministres. Il *ne cessa de répéter* les raisons d'ordre extérieur et d'ordre intérieur (3) qui *s'opposaient ici à la participation* à la guerre.

L'ambassadeur d'Autriche a, comme moi, l'impression qu'*ici* on tient surtout compte de l'*attitude de l'Angleterre*. Le marquis de San Giuliano a constamment répété que les côtes et les ports italiens ne pouvaient pas être laissés exposés aux canons anglais (4). On nourrit aussi ici l'inquiétude que les troupes de Lybie puissent être coupées de tout ravitaillement. Par un homme de confiance de M. Barrère, j'apprends secrètement que M. Barrère aurait déclaré que le *Gouvernement italien* aurait fait des démarches pour *se* rapprocher du *Gouvernement anglais*. Peut-être qu'en dépit du démenti du marquis de San *Giuliano* on est *déjà entré en conversation* avec l'Angleterre.

Alors, si nous ne respectons pas la neutralité de la Belgique, l'Angleterre nous attaque et l'Italie se détache de nous, voilà la situation en deux mots !

FLOTOW.

alors nos alliés nous trahissent aussi !

---

une décision marginale, en a ordonné la communication à l'Etat-Major général, rendu par l'Empereur au Ministère le 2 août. Communiqué le même jour à l'Etat-Major général, à l'Etat-Major de la Marine, au Ministère de la Marine et au Ministère de la Guerre.

(3) En marge : ! ! ! de l'Empereur. Voir nos 745, 748 et 840.

(4) En marge : ! de l'Empereur.

N° 615
L'Ambassadeur à Madrid
au Ministère des Affaires Etrangères (1).

Télégramme 18.

Saint–Sébastien, le 1ᵉʳ août 1914 (2).

Alors elle ne doit pas tolérer que des troupes soient transportées du Maroc ! (3)

Sur la demande de l'ambassadeur d'Autriche, le Ministre d'Etat espagnol lui a déclaré que l'Espagne *observerait une neutralité* absolue. Je vous prie de me prescrire une ligne de conduite pour le cas où l'Espagne n'observerait pas ou ne pourrait pas observer la neutralité. L'ambassadeur d'Autriche adresse également la même quèstion à Vienne (4).

RATIBOR.

(1) D'après le déchiffrement.
(2) Remis à Saint-Sébastien 1ᵉʳ août 9 h. soir, parvenu au Ministère des Affaires Etrangères 2 août 1 h. 35 matin. Timbre d'enregistrement à l'entrée: 2 août matin. Le déchiffrement a été soumis à l'Empereur qui y a inscrit la mention: « 5 h. 30 soir. » Rendu au Ministère des Affaires Etrangères le 2 août. Communiqué par téléphone à l'Etat-Major de la Marine.
(3) Voir nᵒˢ 618.
(4) « également » entre crochets au crayon dans le déchiffrement.

N° 616
Le Ministre à Copenhague
au Ministère des Affaires Etrangères (1).

Télégramme 42.

Copenhague, le 1ᵉʳ août 1914 (2).

Le ministre de Danemark à Berlin est chargé de faire la déclaration suivante au Gouvernement impérial :

(1) D'après le déchiffrement.
(2) Remis à Copenhague 1ᵉʳ août 8 h. 40 soir. Parvenu au Ministère des Affaires Etrangères 2 août 2 h. 40 matin. Timbre d'enregistrement à l'entrée: 2 août matin. Déchiffrement soumis à l'Empereur, revenu au Ministère des Affaires Etrangères: 2 août. Communiqué à l'Etat Major général, au Ministère de la Guerre, à l'Etat-Major de la Marine et au Ministère de la Marine.

c'est-à-dire mobilisés

« Pour compléter *les « effectifs de paix »*, *dix-huit mille hommes* sont *encore* convoqués pour se rendre dans les différentes garnisons du pays » (3).

Les troupes ne sont pas concentrées sur certains points déterminés, par exemple la frontière, et cette mesure ne signifie pas la mobilisation, comme me l'a répété personnellement et avec insistance le Ministre des Affaires Etrangères. M. de Scavenius a ajouté qu'ici on savait d'une façon certaine que l'Allemagne mobilisait. Le Gouvernement danois était en conséquence obligé d'ordonner ces appels pour mettre l'armée sur le pied de paix; il y aurait maintenant *environ trente mille hommes* sous les armes. Le Cabinet radical se trouvait, — déclara le Ministre, — dans une situation particulièrement difficile parce que le Ministre de la Guerre Munch était connu comme antimilitariste.

la preuve qui suivra sera l'invasion de nos frontières.

Les *militaires voulaient prouver qu'ils avaient une Raison d'être* (4) et en conséquence le Gouvernement était obligé de faire cette concession pour éviter le reproche de compromettre la sécurité du pays et la possibilité de maintenir la neutralité.

Le Ministre m'a dit confidentiellement que S. M. le Roi était très inquiet. Le Ministre de la Guerre Munch était fortement attaqué par les journaux et on demandait sa démission. M. de Scavenius m'a dit toutefois qu'il espérait que le Cabinet pourrait se maintenir.

RANTZAU.

---

(3) Voir n° 724.
(4) « Raison d'être » en français dans le texte (Note du Traducteur).

N° 617

Le Ministre à Lisbonne
au Ministère des Affaires Étrangères (1).

Télégramme 66.

Lisbonne, le 1er août 1914 (2).

Le Président du Conseil des Ministres a dit aujourd'hui à des journalistes allemands qu'il était hors de doute que le Portugal *remplirait ses obligations d'alliance envers l'Angleterre.*Dans ces conditions, nous devons compter avec la possibilité d'une rupture des relations diplomatiques. Je vous prie de me télégraphier si, le cas échéant, je dois me rendre en Espagne et si je dois confier la légation et la protection des intérêts allemands à la légation d'Espagne (3).

oui

ROSEN.

(1) D'après le déchiffrement.

(2) Remis à Lisbonne 9 h. 5o soir, parvenu au Ministère des Affaires Etrangères 2 août 2 h. 4o matin. Timbre d'enregistrement à l'entrée: 2 août matin ; déchiffrement soumis à l'Empereur, revenu au Ministère le 2 août.

(3) Voir n⁰ 65ı.

N° 618

Le Chargé d'affaires à Tanger
au Ministère des Affaires Etrangères (1).

Télégramme 88.

Tanger, le 1er août 1914 (2).

D'après des informations non démenties des journaux de

(1) D'après le déchiffrement.

(2) Remis à Tanger 10 h. 4o soir, parvenu au Ministère des Affaires Etrangères 2 août 3 h. 13 matin. Timbre d'enregistrement à l'entrée : 2 août matin. Déchiffrement soumis à l'Empereur, revenu au Ministère le 2 août. Communiqué le 2 août à l'Etat-Major général, au Ministère de la Guerre, à l'Etat-Major de la Marine et au Ministère de la Marine.

Casablanca de jeudi (3) le Résident général a ordonné *de tenir prêts à l'embarquement pour la France 20.000 hommes.* De Casablanca nous arrivent des nouvelles sûres d'après lesquelles *des concentrations de troupes* auraient lieu dans ce pays. Le fait que depuis ce matin le Chérif ne laisse plus passer de télégrammes chiffrés est une preuve de plus *qu'il y a des déplacements de troupes* (4) *qu'on* veut tenir cachés. *Ainsi que le bruit en a transpiré à Casablanca,* le Gouvernement français a l'intention, en cas de déclaration de guerre, d'abandonner *l'intérieur du Maroc* et de se borner *à la protection des villes de la côte* pour *pouvoir jeter le plus possible de troupes sur le théâtre européen de la guerre* (5).

DIECKHOFF.

---

(3) 3o juillet.
(4) Il semble qu'un mot manque dans le déchiffrement.
(5) Cf. n° 665.

N° 649

Le Ministre à Luxembourg
au Ministère des Affaires Etrangères (1).

Télégramme 16.

Luxembourg, le 2 août 1914 (2).

Le Ministre d'Etat Eyschen vient de me faire la communication suivante : « Ce soir (3), vers sept heures, cinq officiers et quelques soldats du 69ᵉ régiment de Trèves sont venus en automobiles à Ulflingen, ont occupé la gare et le télégraphe et détruit ce dernier ainsi que 150 mètres de rails dans la direction de la Belgique. Plus tard sont venus d'autres automobilistes qui ont rappelé les premiers conducteurs d'autos, et ont déclaré qu'on avait commis une erreur. M. Eyschen

---

(1) D'après le déchiffrement.
(2) Remis à Luxembourg 12 h. 10 matin, parvenu au Ministère des Affaires Etrangères 3 h. 57 matin. Timbre d'enregistrement à l'entrée : 2 août matin. Communiqué le 2 août à l'Etat-Major général, au Ministère de la Guerre, à l'Etat-Major de la Marine et au Ministère de la Marine.
(3) On veut dire le 1ᵉʳ août ; voir n° 602.

qui avait déjà adressé à ce sujet une communication télégraphique au Ministère des Affaires Etrangères n'attache pas une trop grande importance à cet événement et a déclaré que l'incident pourrait être réglé par des excuses à ce Gouvernement (4).

BUCH.

____

(4) Voir n° 640.

N° 620
Le Secrétaire d'Etat des Affaires Etrangères à l'Ambassadeur à Vienne (1).

Télégramme 222.
Urgent.   Berlin, le 1ᵉʳ août 1914 (2).

Sa Majesté l'Empereur a ordonné cet après-midi à cinq heures la mobilisation générale.

JAGOW.

____

(1) D'après la minute de la main de Jagow.
(2) Le 2 août 4 h. 35 matin à l'Office central télégraphique, parvenu à l'ambassade à Vienne 8 h. 30 matin.

N° 621
Le Secrétaire d'Etat de la Marine au Secrétaire d'Etat des Affaires Etrangères (1).

Berlin, le 2 août 1914 (2).

Je vous prie de me faire savoir par écrit immédiatement si les opérations de la marine contre la Russie doivent commencer maintenant et si en conséquence on peut faire connaître à la marine la déclaration de guerre contre la Russie (3).

v. TIRPITZ.

____

(1) D'après l'expédition. Annotation marginale de la main de Radowitz : « 2 août 4 h. 50. » Timbre d'enregistrement à l'entrée : 2 août matin.
(2) Au-dessous, note de la main de Radowitz : « En dépit d'une communication téléphonique, le Secrétaire d'Etat de la Marine insiste pour une réponse écrite immédiate, vu qu'à défaut de cette réponse il ne peut prendre de mesures militaires. »
(3) Voir n° 623.

N° 622
Le Chargé d'affaires à Cettigné
au Ministère des Affaires Etrangères (1).

Télégramme 24.

Cattaro, le 1ᵉʳ août 1914 (2).

Aujourd'hui la Skoupchtina réunie en séance extraordinaire a donné au Ministère un vote de confiance et a résolu de laisser au Gouvernement liberté d'action sous tous les rapports. Elle demande toutefois qu'on déclare la guerre à l'Autriche pour venir en aide aux frères serbes. Le Gouvernement, comme on me l'a déclaré au Ministère des Affaires Etrangères, n'est pas lié par cette demande et veut attendre auparavant le cours des événements.

ZECH.

---

(1) D'après le déchiffrement.

(2) Remis à Cattaro 11 h. 30 soir, parvenu au Ministère des Affaires Etrangères 2 août 5 h. 20 matin. Timbre d'enregistrement à l'entrée : 2 août matin. Déchiffrement soumis à l'Empereur, revenu au Ministère le 2 août. Communiqué le 2 août à l'Etat-Major général, au Ministère de la Guerre, à l'Etat-Major de la Marine et au Ministère de la Marine. Communiqué également le 4 août 8 heures soir à l'ambassadeur d'Allemagne à Vienne.

N° 623
Le Secrétaire d'Etat des Affaires Etrangères
au Secrétaire d'Etat de la Marine (1).

Berlin, le 2 août 1914 (2-3).

Par suite de l'invasion de nos frontières par des troupes russes nous nous trouvons en état de guerre avec la Russie.

J'ai donc l'honneur de prier Votre Excellence de prendre les mesures militaires qui sont en conséquence devenues nécessaires.

v. JAGOW.

---

(1) D'après la minute. Projet de la main de Radowitz.
(2) Transmis par messager le 2 août 6 h. 2 matin.
(3) Voir n° 621.

N° 624
Le Chancelier de l'Empire
à l'Ambassadeur à Pétersbourg (1).

Télégramme 163.

Berlin, le 2 août 1914 (2).

Je vous prie de réclamer au Gouvernement russe vos passeports et de remettre le soin des intérêts allemands à l'ambassade américaine.

BETHMANN HOLLWEG.

(1) D'après la minute. Projet de la main de Stumm.
(2) A l'Office central télégraphique 6 h. 10 matin.

N° 625
Le Secrétaire d'Etat des Affaires Etrangères
à l'Ambassadeur à Paris (1).

Télégramme 187.

Berlin, le 2 août 1914 (2).

Je vous prie de faire connaître par écrit au Gouvernement français, en lui remettant la déclaration de guerre, que nous saisirons dans nos ports les navires de commerce portant pavillon français mais que nous les mettrons en liberté si dans le délai de quarante-huit heures nous recevons une assurance de réciprocité.

JAGOW.

(1) D'après la minute. Projet dicté par le Dr Kriege,Directeur de la Division juridique des Affaires Etrangères.
(2) 6 h. 20 matin à l'Office central télégraphique.

N° 626
Le Secrétaire d'Etat des Affaires Etrangères
à l'Ambassadeur à Londres (1).

Télégramme 207.

Berlin, le 2 août 1914 (2).

Si l'Angleterre nous déclare la guerre ou si nous la lui

(1) D'après la minute. Projet dicté par le Dr Kriege.
(2) 6 h. 20 matin à l'Office central télégraphique.

déclarons, je vous prie de faire connaître par écrit au Gouvernement britannique :

1° Que nous saisirons dans nos ports, les navires de commerce portant pavillon britannique mais que nous les mettrons en liberté si dans le délai de quarante-huit heures nous recevons une assurance de réciprocité ;

2° Que, vu la législation anglaise, nous suspendrons les créances anglaises contre les Allemands si nous ne recevons pas dans le délai de quarante-huit heures l'assurance que l'efficacité juridique des créances allemandes sur les Anglais subsiste.

JAGOW.

N° 627

**Le Chancelier de l'Empire
à l'Ambassadeur à Vienne (1).**

Télégramme 223.

Urgent. Berlin, le 2 août 1914 (2).

Nous nous trouvons en état de guerre avec la Russie vu que des troupes russes ont franchi hier la frontière en plusieurs endroits et ont commis des actes d'hostilité. Nous avions chargé l'ambassadeur impérial à Pétersbourg de déclarer la guerre hier après-midi si nos demandes n'avaient reçu qu'une réponse insuffisante, mais nous n'avons reçu de l'ambassadeur aucune nouvelle au sujet de la réponse de la Russie à nos demandes ni au sujet de la remise de la déclaration de guerre. Nous attendons de l'Autriche l'accomplissement de ses obligations d'alliance et une attaque immédiate et vigoureuse contre la Russie.

Je vous prie de faire immédiatement cette communication et de me télégraphier la réponse (3).

BETHMANN HOLLWEG.

---

(1) D'après la minute. Projet de la main de Jagow.

(2) A l'Office central télégraphique 6 h. 35 matin. Le moment de l'arrivée à l'ambassade à Vienne n'est pas mentionné dans les archives de l'ambassade

(3) Voir n° 672.

N° 628
Le Chancelier de l'Empire
à l'Ambassadeur à Rome (1).

Télégramme 161.

Berlin, le 2 août 1914 (2).

Sa Majesté l'Empereur a ordonné la mobilisation générale hier à 5 heures. Vu l'attaque de troupes russes contre le territoire allemand nous nous trouvons en état de guerre avec la Russie. Nous avons chargé l'ambassadeur impérial à Pétersbourg de déclarer la guerre hier après-midi si nos demandes n'avaient reçu qu'une réponse insuffisante, mais nous n'avons reçu de l'ambassadeur aucune nouvelle ni sur la réponse de la Russie à nos demandes, ni sur la remise de la déclaration de guerre. La guerre avec la Russie aura certainement pour conséquence une attaque de la France contre nous et la guerre avec cette puissance. Nous attendons de l'Italie l'accomplissement de ses obligations d'alliance. Je vous prie de faire immédiatement cette communication au Gouvernement italien et de me télégraphier la réponse (3).

BETHMANN HOLLWEG.

(1) D'après la minute. Projet de la main de Jagow.
(2) A l'Office central télégraphique 6 h. 35 matin.
(3) Voir n° 675.

N° 629
Le Chancelier de l'Empire à l'Empereur (1).

Berlin, le 2 août 1914 (2).

Sire,

D'après une information de l'Etat-Major général (aujourd'hui à 4 heures matin), tentative de destruction de la voie

(1) D'après l'expédition.
(2) Transmis par l'Empereur au Ministère de la Marine par l'aide de camp de Mutius le 2 août 9 h. matin. Retourné le 3 août matin par le Cabinet militaire au Ministère des Affaires Etrangères.

ferrée et avance de deux escadrons de cosaques vers Johannisburg. Par suite, en fait état de guerre avec la Russie. Nous avons immédiatement annoncé ce qui précède à Vienne et à Rome en les priant de se prononcer sur l'accomplissement de leurs obligations d'alliance, et à Rome en ajoutant que nous prévoyions une attaque française. On remet ses passeports à l'ambassadeur de Russie.

Après entente avec le Ministère de la Guerre et l'Etat-Major général : la remise d'une déclaration de guerre à la France pour des motifs *militaires* ne paraît pas aujourd'hui nécessaire. C'est pourquoi nous ne la ferons pas encore, espérant que les Français nous attaqueront.

Une communication sur l'état de guerre avec la Russie sera publiée ce matin à 4 h. 1/2 par une dépêche de Wolff.

Votre fidèle sujet,

v. Bethmann Holweg.

On est sans nouvelle de Pétersbourg.

N° 630

L'Ambassadeur à Londres
au Ministère des Affaires Etrangères (1).

Télégramme (sans numéro).

Urgent. Londres, le 2 août 1914 (2).

Ainsi qu'il résulte de mes derniers télégrammes (3) l'affaire encore discutée dans mon télégramme n° 206 (4) est complètement résolue et notre liberté d'action n'est pas limitée par cela.

Lichnowsky.

---

(1) D'après la copie du télégramme expédié en clair.

(2) Remis à Londres 5 heures matin, parvenu au Ministère des Affaires Etrangères 8 h. 52 matin. Timbre d'enregistrement à l'entrée : 2 août matin.

(3) Voir n°s 596 et 603.

(4) Voir n° 605.

N° 631
L'Ambassadeur à Londres
au Ministère des Affaires Étrangères (1).

Télégramme 217.

Londres, le 2 août 1914 (2-3).

Les suggestions de Sir E. Grey, qui reposaient sur le désir de maintenir le plus longtemps possible la neutralité de l'Angleterre, ont été faites sans contact préalable avec la France et sans connaissance de la mobilisation, et elles ont été complètement abandonnées comme devant être inefficaces. Je vous prie de me répondre d'urgence si les télégrammes 212, 214 et le télégramme en clair sans numéro (4) vous sont parvenus (5).

LICHNOWSKY.

(1) D'après le déchiffrément. Cf. Livre Blanc allemand de mai 1915, p.47.
(2) Remis à Londres 6 h. 28 matin, parvenu au Ministère des Affaires Etrangères 8 h. 55 matin. Timbre d'enregistrement à l'entrée: 2 août matin.
(3) Voir n° 605, cf. aussi n° 562.
(4) Voir nos 596, 603 et 630.
(5) Voir réponse n° 635.

N° 632
Le Chancelier de l'Empire
à l'Ambassadeur à Paris (1).

Télégramme 188.
Urgent.   Berlin, le 2 août 1914 (2).

Le télégramme n° 187 (3) ne signifie pas que Votre Excellence doive remettre dès maintenant la déclaration de guerre.

BETHMANN HOLLWEG.

(1) D'après la minute. Projet de la main de Stumm.
(2) 9 h. 10 matin à l'Office central télégraphique.
(3) Voir n° 625.

N° 633
Le Chancelier de l'Empire
à l'Ambassadeur à Paris (1).

Télégramme 189.

Urgent.   Berlin, le 2 août 1914 (2).

L'information du prince Lichnowsky reposait sur un malentendu (3).

Bethmann Hollweg.

(1) D'après la minute. Projet de la main de Stumm.
(2) A l'Office central télégraphique le 2 août 9 h. 45 matin.
(3) Voir n° 587.

N° 634
Le Secrétaire d'Etat de la Marine
au Secrétaire d'Etat des Affaires Etrangères (1).

Berlin, le 2 août 1914 (2).

Sur la demande téléphonique de cette nuit 12 h. 45 de M. le Sous-Secrétaire d'Etat des Affaires Etrangères, j'ai l'honneur de communiquer à Votre Excellence ce qui suit au sujet de la saisie des navires de commerce anglais :

Les navires de commerce étrangers sont simplement retenus à Cuxhaven *pendant l'établissement* des barrages de mines, parce qu'autrement ces navires auraient été en danger. *Après l'achèvement* des barrages de mines on permettra aujourd'hui à midi la sortie des navires dans le port de guerre (3).

Par ordre du Secrétaire d'Etat,
v. Capelle.

(1) D'après l'expédition de la main de von Capelle.
(2) Parvenu au Ministère des Affaires Etrangères le 2 août.
(3) Ici se trouve la décision marginale de Zimmermann du 2 août : « Je vous prie de le faire connaître oralement à l'ambassadeur d'Angleterre en réponse à ses représentations d'hier (voir n° 610). Dans les archives se trouve une copie d'un ordre télégraphique du Ministère de la Marine à la station de la Mer du Nord et aux commandements de Cuxhaven et Geestemünde : « Sur la demande instante du Ministre des Affaires Etrangères les navires de commerce étrangers et en premier lieu les navires anglais ne seront pas retenus jusqu'à nouvel ordre. S'il existe des motifs militaires particuliers demandez ici qu'on les retienne. Ministère de la Marine ».

N° 635

Le Secrétaire d'État des Affaires Étrangères à l'Ambassadeur à Londres (1).

Télégramme 208.

Berlin, le 2 août 1914 (2).

Tous les télégrammes sont parvenus ici (3).

JAGOW.

(1) D'après la minute. Projet de la main de Stumm.
(2) A l'Office central télégraphique 2 août 11 h. matin. Le télégramme a été envoyé en clair.
(3) Voir n° 631.

N° 636

Le Secrétaire d'Etat des Affaires Etrangères à la Commission du Sénat pour les affaires d'Empire et les Affaires Etrangères de la Ville libre et hanséatique d'Hambourg (1).

Télégramme (sans numéro).

Berlin, le 2 août 1914 (2).

Je vous prie de remettre ses passeports au ministre de Russie, mais pas pour le moment au consul général de France (3).

JAGOW.

(1) D'après la minute. Projet de la main de Stumm.
(2) A l'Office central télégraphique 2 août 11 h. matin.
(3) Voir n° 591.

N° 637

Le Ministre d'Etat du Luxembourg Président du Gouvernement au Secrétaire d'Etat des Affaires Etrangères (1-2).

Télégramme (sans numéro).

J'ai l'honneur de porter à la connaissance de Votre Excellence les faits suivants : Dimanche 2 août de grand matin

(1) D'après la copie de l'Office central télégraphique.
(2) Remis à Luxembourg 8 h. matin, parvenu à l'Office central télégra-

les troupes Allemandes, d'après les informations qui sont parvenues au Gouvernement Grand-Ducal à l'heure actuelle, ont pénétré sur le territoire luxembourgeois par les ponts de Wasserbillig et de Remich se dirigeant spécialement vers le sud du pays et vers la ville de Luxembourg, capitale du Grand-Duché. Un certain nombre de trains blindés avec des troupes et des munitions ont été acheminés par la voie de chemin de fer de Wasserbillig à Luxembourg où l'on s'attend de les voir arriver d'un instant à l'autre. Ces faits impliquent des actes manifestement contraires à la neutralité du Grand-Duché garantie par le traité de Londres de 1867. Le Gouvernement luxembourgeois n'a pas manqué de protester énergiquement contre cette agression auprès du représentant de Sa Majesté l'Empereur à Luxembourg (3).

Le 1ᵉʳ (4) août 1914.

Le Ministre d'Etat Président du Gouvernement,
EYSCHEN.

---

phique de Berlin 11 h. 10 matin. Timbre d'enregistrement à l'entrée : 2 août matin.

(3) Voir nᵒˢ 638, 644, 647, 649.

(4) Erreur manifeste, au lieu du 2 août. D'autres erreurs ont été exceptionnellement rectifiées, par exemple « pays » au lieu de « pacs », « du représentant » au lieu de « des représentants », « à Luxembourg » au lieu de « de Luxembourg ».

(5) Reproduction littérale de l'original en français (Note du Traducteur).

Nº 638

La Grande-Duchesse de Luxembourg à l'Empereur (1).

Télégramme (sans numéro).

Luxembourg, le 2 août 1914 (2).

Sa Majesté l'Empereur d'Allemagne, Berlin.

Le Grand-Duché est occupé en ce moment par les troupes allemandes. Mon Gouvernement a adressé une protestation

---

(1) D'après la copie de l'Office télégraphique du Château. Télégramme en clair.

(2) Remis à Luxembourg le 2 août 10 h. 5 matin, reçu à l'Office télégraphique du Château de Berlin 11 h. 10 matin. Remis par l'aide de

à l'autorité compétente et a demandé des explications sur cet incident. Je prie Votre Majesté de vouloir bien hâter ces explications et faire respecter les droits du Luxembourg (3-4).

MARIE-ADÉLAÏDE.

---

camp de Mutius au Chef de l'Etat-Major général qui en a pris connaissance le 2 août et l'a transmis au Chancelier de l'Empire. Timbre d'enregistrement à l'entrée : 2 août après-midi.

(3) Voir nos 637, 644, 647, 649.

(4) La réponse a été faite le 6 août ; à l'Office central télégraphique 5 h. 45 après midi.

N° 639

Projet de note au Gouvernement du Luxembourg soumis par le Chef de l'Etat-Major général de l'armée (1).

A son grand regret le Gouvernement allemand a été subitement contraint, pour protéger la voie allemande en Luxembourg, d'envoyer de faibles détachements de troupes sur le territoire luxembourgeois, vu qu'il n'y avait plus le temps de s'entendre à ce sujet avec le Luxembourg. La mesure prise par nous a été rendue inévitable par des nouvelles qui nous arrivent de France d'après lesquelles des forces françaises marchent sur le Luxembourg. Le Gouvernement luxembourgeois doit être assuré que, du côté du Gouvernement allemand, cette mesure dictée par les nécessités militaires ne répond pas à des intentions hostiles contre le Luxembourg notre voisin et ami. Le Gouvernement allemand donne l'assurance formelle qu'il n'a pas l'intention de porter atteinte ou de menacer en quoi que ce soit l'intégrité du Grand-Duché et sa Monarchie. Bien au contraire, le Gouvernement allemand assume volontiers la garantie que, si le Luxembourg n'entreprend pas des actes hostiles contre l'Allemagne et ses troupes, l'Etat luxembourgeois après la guerre sera reconnu sans réserve dans son intégrité actuelle.

---

(1) Copie dictée par Moltke le 2 août. Rendue inutile par les télégrammes publiés sous les numéros 640, 642 et 643 ; l'Etat-Major général et le Ministère des Affaires Etrangères sont entrés en communication téléphonique à ce sujet le 2 août à 12 h. 15 après-midi. Dans le projet, des additions et des radiations au crayon faites au Ministère des Affaires Etrangères.

N° 640
Le Chancelier de l'Empire
au Ministre à Luxembourg (1).

Télégramme 12.

Berlin, le 2 août 1914 (2).

Nos mesures militaires au Luxembourg n'ont aucune signification hostile contre le Luxembourg, mais sont exclusivement des mesures prises en vue de garantir les chemins de
fer que nous exploitons dans ce pays contre l'attaque des
Français. Le Luxembourg sera d'ailleurs pleinement indemnisé de tout dommage éventuel. Je vous prie d'en informer
le Gouvernement luxembourgeois (3).

BETHMANN HOLLWEG.

---

(1) D'après la minute. Projet de la main de Stumm avec des modifications du Chancelier de l'Empire.

(2) A l'Office central télégraphique : 2 août 11 h. 3o matin. Le télégramme a été envoyé en clair.

(3) Voir n°s 6o2 et 6ig.

N° 641
L'Ambassadeur à Londres
au Ministère des Affaires Etrangères (1).

Télégramme 218.

Londres, le 2 août 1914 (2).

La question de savoir si dans une guerre contre la France
nous violerons le territoire belge est d'une importance
décisive en ce qui concerne la neutralité de l'Angleterre. Je
suis confirmé dans cette impression tant par les déclarations
de Sir E. Grey que par les communications de l'ambassade
d'Autriche et par la presse anglaise. Si nous violons la neutralité de la Belgique, et s'il en résulte une guerre contre les
Belges, je ne crois pas que le Gouvernement en présence de

---

(1) D'après le déchiffrement.

(2) Remis à Londres 9 h. 1o matin, parvenu au Ministère des Affaires
Etrangères 11 h. 47 matin. Timbre d'enregistrement à l'entrée : 2 août
après-midi. Communiqué le 2 août à l'Etat-Major général, au Ministère de
la Guerre, à l'Etat-Major de la Marine et au Ministère de la Marine.

la tempête qui surgira alors dans l'opinion publique de ce pays se trouve en mesure de rester bien longtemps neutre. Si, par contre, nous respectons la neutralité belge il est toujours possible que l'Angleterre reste neutre si, dans le cas d'une victoire sur la France, nous nous comportons avec modération. Mais, comme on croit maintenant ici devoir compter sur la violation de la neutralité belge, je ne crois pas impossible que l'Angleterre prenne très prochainement parti contre nous. Aujourd'hui dimanche a lieu une réunion du Cabinet, un événement inouï, et je suppose qu'on s'y occupera de cette question (3).

LICHNOWSKY.

(3) Voir n° 667.

N° 642
Le Chancelier de l'Empire
à l'Ambassadeur à Paris (1).

Télégramme 190.   Berlin, le 2 août 1914 (2).

Nos mesures militaires dans le Luxembourg n'ont aucune signification hostile, mais ne sont que des mesures de précaution pour les chemins de fer que nous exploitons conformément au traité. Je vous prie d'en informer le Gouvernement.

BETHMANN HOLLWEG.

(1) D'après la minute. Projet de la main de Stumm avec des modifications du Chancelier de l'Empire.
(2) A l'Office central télégraphique, le 2 août 11 h. 55 matin.

N° 643
Le Chancelier de l'Empire
à l'Ambassadeur à Londres (1).

Télégramme 209.
Berlin, le 2 août 1914 (2).

Nous avons été contraints de prendre des mesures mili-

(1) D'après la minute. Projet de la main de Stumm.
(2) A l'Office central télégraphique le 2 août 12 h. 15 après-midi.

taires en Luxembourg pour protéger les chemins de fer de ce
pays que nous exploitons conformément au traité, contre une
attaque menaçante des Français. Cette mesure n'a aucune
signification hostile contre le Luxembourg qui sera pleinement indemnisé des dommages éventuels.

Je vous prie d'en informer le Gouvernement.

BETHMANN HOLLWEG.

N° 644

**Le Ministre d'État du Luxembourg, Président du
Gouvernement, au Secrétaire d'État des Affaires
Etrangères (?) (1).**

Télégramme (sans numéro).

Luxembourg, le 2 août 1914 (2).

Je viens d'informer téléphoniquement Votre Excellence
de l'apparition d'officiers allemands et de troupes allemandes
sur le territoire du Grand-Duché. J'apprends qu'un train
rempli de troupes est en route pour le Luxembourg, et qu'il
est passé un grand nombre d'automobiles via Wasserbillig,
à destination du Luxembourg. Le Gouvernement du Grand-
Duché proteste énergiquement contre cette flagrante violation
de la neutralité du pays et fait à ce sujet toutes réserves. Je
vous prie de transmettre cette protestation au Gouvernement
de l'Empire (3).

Le Ministre d'Etat, EYSCHEN.

---

(1) D'après la copie de l'Office central télégraphique. Télégramme en
clair. D'après la rédaction et la phrase finale il semble qu'il s'agisse d'une
communication téléphonique du Ministre d'Etat du Luxembourg au ministre d'Allemagne à Luxembourg, qui a été reproduite sous cette forme.

(2) Remis à Luxembourg 10 h. 40 matin, parvenu au Ministère des
Affaires Etrangères 12 h. 25 après midi. Timbre d'enregistrement à l'entrée : 2 août après-midi. Communiqué le 2 août à l'Etat-Major général, au
Ministère de la Guerre, à l'Etat-Major de la Marine et au Ministère de la
Marine. Le Ministre du Luxembourg a remis la même protestation au
ministre d'Allemagne à Luxembourg le 2 août à 6 h. 35 matin ; cette protestation a été transmise télégraphiquement par ce dernier au Ministère des
Affaires Etrangères, remis à Luxembourg 8 h. 26 matin, parvenu au Ministère des Affaires Etrangères 1 h. 20 après-midi. Timbre d'enregistrement à
l'entrée : 2 août après-midi.

(3) Voir n°s 637, 638, 647 et 649.

N° 645
Le Consul général à Bâle
au Ministère des Affaires Etrangères (1).

Télégramme 3.

Saint-Louis, le 2 août 1914 (2).

Une Française..... (3), dont le fils est officier à Belfort, aurait déclaré ce matin en passant à Bâle qu'à Belfort il y a en ce moment 180.000 hommes et à Delle 45.000 hommes.

Aujourd'hui un espion français qui lâchait des pigeons voyageurs a été arrêté à Bâle. Il aurait reçu des informations sur les mouvements des troupes allemandes, d'un paysan à Blotzheim et d'un officier de réserve à Mühlheim et les aurait transmises par pigeons voyageurs en France (4).

WUNDERLICH.

(1) D'après le déchiffrement.

(2) Remis à Saint-Louis 9 h. 50 matin, parvenu au Ministère des Affaires Etrangères 12 h. 45 après-midi. Timbre d'enregistrement à l'entrée : 2 août après-midi. Communiqué le 2 août à l'Etat-Major général, au Ministère de la Guerre, à l'Etat-Major de la Marine et au Ministère de la Marine.

(3) Lacune dans le déchiffrement.

(4) Voir n° 678.

N° 646
Le Chancelier de l'Empire.
au Ministre à Bucarest (1).

Télégramme 68.

Berlin, le 2 août 1914 (2).

Je vous prie de déclarer immédiatement au Roi Carol et au Gouvernement que l'attitude de la Russie et sa violation de notre territoire nous ont contraints à la guerre avec elle. L'ordre de mobilisation générale a été lancé hier. Nous demandons la mobilisation immédiate de l'armée roumaine et son entrée en campagne contre la Russie. Accusez-moi réception par télégramme. Rapport télégraphique (3).

BETHMANN HOLLWEG.

(1) D'après la minute. Projet de la main de Bergen.

(2) A l'Office central télégraphique le 2 août 12 h. 50 après-midi.

(3) Voir n° 786. L'accusé de réception télégraphique (60) a été donné le 3 août.

Nº 647
Le Ministre à Luxembourg
au Ministère des Affaires Etrangères (1).

Télégramme 18.

Luxembourg, le 2 août 1914 (2).

A 8 h. 30 du matin M. Eyschen m'informe que la gare de Luxembourg et la ligne de Trèves à Luxembourg ont été occupées. M. Eyschen demande énergiquement une réponse à la question de savoir si l'occupation se limitera à certaines parties du pays, ou s'il sera procédé à l'occupation de tout le pays, et quel est le but direct ou indirect de ces mesures.

BUCH.

---

(1) D'après le déchiffrement.

(2) Remis à Luxembourg 12 h. 54 après-midi, parvenu au Ministère des Affaires Etrangères 1 h. 20 après-midi. Timbre d'enregistrement à l'entrée : 2 août après-midi. Voir nᵒˢ 637, 638, 644 et 649.

Nº 648
Le Secrétaire d'État des Affaires Etrangères
au Ministre à Bruxelles (1).

Télégramme 42.

Urgent.

Berlin, le 30 juillet 1914 (2).

Secret.

Je prie Votre Excellence de vouloir bien ouvrir immédiatement l'annexe (3) à la dépêche nᵒ 88 (4) et d'exécuter ce soir à 8 — huit — heures, heure allemande (5) les instructions qui y

---

(1) D'après la copie dactylographiée avec des modifications et des additions de la main de Rosenberg et de Jagow ; un premier projet de la main de Rosenberg se trouve également aux archives.

(2) Le projet définitif a été paraphé par Jagow sans indication de date, par Zimmermann, Stumm et Rosenberg le 2 août ; le 2 août à 2 h. 5 après-midi à l'Office central télégraphique. Le premier projet a été paraphé par Rosenberg sans indication de date, et par Zimmermann le 31 juillet. Cf. nᵒ 662, note 2.

(3) Voir nᵒ 376.

(4) Voir nᵒ 375 et la note 2.

(5) « allemande » a été substitué par Rosenberg à « de l'Europe centrale ». Dans le premier projet on avait laissé de la place pour intercaler (« occidentale » ou « centrale »).

sont contenues. Toutefois, dans la déclaration du Gouvernement impérial n° 1, les mots « non seulement » et la phrase commençant par les mots « mais encore il est prêt », doivent être supprimés. Il faut également exiger une réponse dans le délai de 12 — douze — heures, et non de vingt-quatre heures, c'est-à-dire avant demain matin 8 heures. Je vous prie d'assurer instamment (6) le·Gouvernement belge qu'il n'y a aucun doute sur l'exactitude de nos nouvelles relatives au plan français en dépit des promesses de Paris (7).

Pour l'information personnelle de Votre Excellence (8) : La réponse belge doit être parvenue ici avant demain après-midi à 2 heures, heure allemande (5). Je prie en conséquence Votre Excellence de vouloir bien immédiatement télégraphier cette réponse, et, en outre, de la transmettre immédiatement après sa réception par un membre de la légation impériale, ou, ce qui vaudrait mieux, par l'attaché militaire, par automobile à Aix-la-Chapelle au général von Emmich, Union-Hôtel.

Le Gouvernement belge doit avoir l'impression que toutes les instructions au sujet de cette affaire ne vous sont parvenues qu'aujourd'hui (9). Je vous prie en outre de suggérer au Gouvernement belge qu'il peut se retirer avec ses troupes sur Anvers, et qu'au cas où il le désirerait, nous pourrions asurer la protection de Bruxelles contre les troubles intérieurs (10).

Accusez-moi réception par télégramme (11).

JAGOW.

-----

(6) *Sic* au lieu de « expressément » du projet primitif.

(7) Au lieu de « des promesses de Paris » il y avait dans le premier projet « des promesses de neutralité française. »

(8) « Pour l'information personnelle de Votre Excellence » ajouté par Jagow.

(9) Phrase du premier projet : « Aussi le Gouvernement belge doit avoir l'impression que la dépêche vous ordonnant cette déclaration datée d'hier vient de vous parvenir aujourd'hui » (« hier » rayé, remplacé par « aujourd'hui » ; ce mot a de nouveau été rayé et on a écrit de nouveau « hier »).

(10) La phrase : « Je vous prie... troubles intérieurs », ajoutée de la main de Jagow.

(11) Accusé de réception télégraphique de Below au Ministère des Affaires Etrangères remis à Bruxelles 5 h. 25 après-midi, parvenu au Ministère des Affaires Etrangères 7 h. 38 soir. Timbre d'enregistrement à l'entrée : 2 août après-midi.

N° 649

Le Secrétaire d'Etat des Affaires Etrangères au Ministre d'Etat et Président du Gouvernement du Luxembourg (1).

Télégramme (sans numéro).

Berlin, le 2 août 1914 (2).

A notre grand regret, les mesures militaires sont devenues indispensables parce que nous avons reçu des nouvelles sûres d'après lesquelles des forces françaises sont en marche vers le Luxembourg. Nous étions obligés de prendre des mesures en vue de la protection de notre armée et de la sécurité des lignes de chemin de fer. Nous n'avons aucunement l'intention de commettre un acte d'hostilité contre le Luxembourg ami. Devant un danger menaçant nous n'avions malheureusement plus le temps de nous entendre au préalable avec le Gouvernement luxembourgeois. Le Gouvernement impérial garantit au Luxembourg qu'il sera pleinement indemnisé des dommages que nous pourrions lui causer (3).

JAGOW.

----

(1) D'après la minute de la main de Jagow. Voir nᵒˢ 637, 638, 644 et 647.
(2) A l'Office central télégraphique 2 août 2 h. 10 après-midi. Le télégramme a été expédié en clair.
(3) Voir nᵒ 730.

N° 650

Le Ministre à Bruxelles au Ministère des Affaires Etrangères (1).

Télégramme 22.

Bruxelles, le 2 août 1914 (2).

Le chef de l'Etat-Major général Selliers a déclaré au capitaine Brinckmann que l'armée belge s'opposerait à un débar-

----

(1) D'après le déchiffrement.
(2) Remis à Bruxelles 12 h. 39 après midi, parvenu au Ministère des Affaires Etrangères 2 h. 40 après-midi. Timbre d'enregistrement à l'entrée : 2 août après-midi. Communiqué le 2 août à l'Etat-Major général, au Minis-

quement éventuel des troupes anglaises. En contradiction avec cette affirmation, un fonctionnaire du Ministère de la Guerre aurait entendu de la bouche du Président du Conseil des Ministres qu'on permettrait un débarquement anglais. Le fonctionnaire en question est flamand et germanophile.

BELOW.

---

tère de la Guerre, à l'Etat-Major de la Marine et au Ministère de la Marine. Le déchiffrement a été soumis à l'Empereur qui a noté : « 7 heures soir », revenu au Ministère le 2 août.

N° 651

Le Secrétaire d'État des Affaires Etrangères au Ministre à Lisbonne (1).

Télégramme 53.

Berlin, le 2 août 1914 (2).

Si le Gouvernement portugais rompait avec nous les relations diplomatiques, je vous prie de confier la légation et les intérêts allemands à la légation des Etats-Unis. Vous serez libre de choisir pour votre départ la route qui vous semblera préférable (3).

JAGOW.

---

(1) D'après une copie de la minute.
(2) A l'Office central télégraphique 3 heures après-midi.
(3) Voir n° 617.

N° 652

L'Ambassadeur à Constantinople au Ministère des Affaires Etrangères (1).

Télégramme 396.

Therapia, le 1er août 1914 (2).

Le marquis Pallavicini vient de faire en ma présence, au Grand Vizir, une communication portant que, d'après des

---

(1) D'après le déchiffrement.
(2) Remis à Therapia 1er août 12 h. 20, parvenu au Ministère des Affaires Etrangères 2 août 3 h. 20 après-midi. Timbre d'enregistrement à l'entrée :

informations sûres reçues à Vienne, une attaque de la flotte russe sur le Bosphore était projetée.

Au cas où il ne serait pas nécessaire d'utiliser le « Göben » dans la Méditerranée, il pourrait, renforcé par la flotte turque, être en mesure de tenir en échec la flotte russe de la Mer Noire, d'assurer la communication par câble avec la Roumanie, et d'empêcher un débarquement russe sur la côte bulgare. Au cas où, néanmoins, le câble serait coupé, nous serions ici, le cas échéant, isolés momentanément de l'Europe. Le stationnaire autrichien « Taurus » a quitté Constantinople. Le « Loreley » n'a pas de télégraphie sans fil.

WANGENHEIM.

2 août après-midi. Communiqué à l'Etat-Major général, au Ministère de la Guerre, à l'Etat-Major de la Marine et au Ministère de la Marine.

(3) Voir nᵒˢ 683, 712, 775.

Nᵒ 653

Le Ministre à Christiania
au Ministère des Affaires Etrangères (1).

Télégramme 22.

Christiania (2), le 2 août 1914 (3).

J'apprends d'une source française particulière que la légation de France a invité les réservistes, bien que l'ordre de mobilisation ne soit pas encore parvenu, à partir le plus tôt possible, avant que les voies de communication soient interrompues.

OBERNDORFF.

(1) D'après le déchiffrement.
(2) Dans le déchiffrement : Hambourg.
(3) Remis 2 h. 10 (matin ou après-midi n'est pas indiqué), parvenu au Ministère des Affaires Etrangères 2 août 3 h. 43 après-midi. Timbre d'enregistrement à l'entrée : 2 août après-midi. Communiqué à l'Etat Major, au Ministère de la Guerre, à l'Etat-Major de la Marine et au Ministère de la Marine.

N° 654
Le Secrétaire d'Etat de la Marine
au Secrétaire d'Etat des Affaires Etrangères (1).

Berlin, le 2 août 1914 (2).

A M. le Secrétaire d'Etat des Affaires Etrangères.

D'après une communication du Ministère des Postes de l'Empire, les communications anglo-allemandes par câble ont été interrompues par l'Angleterre (3).

Je prie Votre Excellence de vouloir bien me faire savoir par écrit, si à raison de ce fait nous avons à nous considérer comme en état de guerre avec l'Angleterre (4).

v. TIRPITZ.

____

(1) D'après l'expédition.
(2) Timbre d'enregistrement à l'entrée du Ministère des Affaires Etrangères : 2 août après-midi.
(3) Voir No 680.
(4) Voir no 657.

N° 655
Le Chef de l'Etat-Major de la Marine
au Secrétaire d'Etat des Affaires Etrangères (1).

Strictement confidentiel.　　Berlin, le 2 août 1914 (2).

Le télégramme suivant a été envoyé aujourd'hui à 11 h. 10 matin au commandement de la flotte, à la station de la Mer du Nord, au commandant en chef des forces maritimes de la Baltique et à la station de la Baltique :

Les hostilités contre la France seront probablement commencées le 3 août. Il faut alors s'attendre immédiatement à une attitude hostile de l'Angleterre. Comme l'Angleterre ne s'est pas prononcée, il faut éviter provisoirement à tout prix des mesures inamicales contre l'Angleterre.

Il faut encore tenir ces instructions secrètes.

Etat-Major de la Marine,
P.-O. BEHNCKE.

____

(1) D'après le déchiffrement.
(2) Timbre d'enregistrement à l'entrée : 2 août après-midi.

N° 656
Le Ministre de Belgique
au Ministère des Affaires Etrangères (1).

Le Ministre des Affaires Etrangères de Belgique
au ministre de Belgique à Berlin.

Bruxelles, le 31 juillet 1914 (2).

Monsieur le Baron,

La situation internationale est grave : l'éventualité d'un conflit entre plusieurs Puissances ne peut être écartée de nos préoccupations.

Nous avons toujours observé avec la plus scrupuleuse exactitude les devoirs d'Etat neutre que nous imposent les traités du 19 avril 1839. Ces devoirs, nous nous attacherons inébranlablement à les remplir, quelles que soient les circonstances.

Les dispositions amicales des Puissances à notre égard ont été affirmées si souvent, que nous avons la confiance de voir le territoire belge demeurer hors de toute atteinte, si des hostilités venaient à se produire à nos frontières.

Toutes les mesures nécessaires pour assurer l'observation de notre neutralité n'en ont pas moins été prises par le Gouvernement du Roi. L'armée belge est mobilisée et se porte sur les positions stratégiques choisies pour assurer la défense du pays et le respect de sa neutralité. Les forts d'Anvers et de la Meuse sont en état de défense.

Il est à peine nécessaire, Monsieur le Baron, d'insister sur le caractère de ces mesures. Elles n'ont d'autre but que de nous mettre en situation de remplir nos obligations internationales; elles ne sont et n'ont pu être inspirées, cela va de soi, ni par le dessein de prendre part à une lutte armée des Puissances, ni par un sentiment de défiance envers aucune d'elles.

____

(1) D'après une copie remise par le ministre de Belgique. Voir le Livre Gris belge N° 2 annexe, et N° 16.

(2) Note de Zimmermann du 2 août : « Remis par le ministre de Belgique ». Timbre d'enregistrement à l'entrée : 2 août après-midi.

Veuillez, je vous prie, donner lecture et laisser copie de la présente dépêche à Monsieur le Secrétaire d'Etat au Déparpartement Impérial des Affaires Etrangères et prier Son Excellence d'en prendre acte.

La même communication a été faite aux autres Puissances garantes de notre neutralité.

Veuillez agréer, Monsieur le Baron, les assurances de ma haute considération.

S[igné] : Davignon (3).

(3) Reproduction littérale de l'original en français (Note du Traducteur).

N° 657

Projet d'une lettre non envoyée
du Secrétaire d'Etat des Affaires Etrangères
au Secrétaire d'Etat de la Marine (1).

Berlin, le 2 août 1914 (2).

J'ai l'honneur, en réponse à la communication de Votre Excellence de ce jour, de lui répondre que l'interruption des communications par câble entre l'Angleterre et l'Allemagne par l'Angleterre ne crée pas, d'après notre conception, l'état de guerre entre nous et l'Angleterre.

(1) Projet de la main de Stumm. En marge, la note de Stumm, du 2 août : « Cessat. Avis en a été donné à l'amiral de Tirpitz. »
(2) Voir n° 654.

N° 658

L'Ambassadeur à Rome
au Chancelier de l'Empire (1).

Rome, le 30 juillet 1914 (2).

Le Gouvernement italien a maintenant fait exposer son point de vue sur les questions en cours dans trois journaux :

(1) D'après l'expédition.
(2) Timbre d'enregistrement à l'entrée du Ministère des Affaires Etrangères : 2 août après-midi.

le « Popolo Romano », la « Tribuna », et le « Giornale d'Italia ». Les déclarations officieuses peuvent se résumer dans
les propositions suivantes :

La situation de l'Italie est, dans ses lignes générales, nettement et clairement déterminée par les traités internatio-
naux auxquels elle veut s'attacher de la façon la plus conscien-
cieuse. La ligne directrice que l'Italie doit suivre dans sa
politique, ne peut être déterminée que par ses propres intérêts et par les obligations qu'elle a assumées, en raison même
de ces intérêts. Les uns et les autres se trouvent d'ailleurs
en étroite connexité. C'est sur les événements et leurs suites
que se réglera son attitude ultérieure.

Les journalistes allemands d'ici considèrent cette déclaration comme favorable aux intérêts de la Triple Alliance. Ils
sont influencés par le fait que dans la dernière communication
de l'entrefilet du « Giornale d'Italia », il y avait une phrase
qui était une pointe contre l'Autriche. Dans cette phrase, il
était dit que l'Italie ne pouvait pas admettre qu'une autre
puissance exerçât l'hégémonie dans les Balkans. La suppression de cette phrase dans la seconde édition et dans les édi-
tions suivantes est attribuée à une intervention directe du
Gouvernement. Ils sont encore confirmés dans leur conception optimiste par un discours très favorable à la Triple
Alliance du chef du groupe nationaliste Pantaleoni. Ils
disent que celui-ci ne se serait pas livré à cette manifestation
s'il n'avait pas eu conscience de parler dans le sens du
Gouvernement.

Je ne puis pas m'associer sans réserve à ce jugement. Le
langage contraint du communiqué officiel ainsi que l'absence
de tout mot clair sur l'attitude du Gouvernement me semblent au contraire, indiquer qu'il faudra compter en toutes
circonstances, sur une interprétation sophistique des stipulations du traité.

Flotow.

N° 659
L'Ambassadeur d'Autriche-Hongrie
au Ministère des Affaires Etrangères (1).

Note.

Berlin, le 2 août 1914.

L'ambassadeur impérial et royal à Tokio annonce que, d'après l'avis du ministre de Chine, qui est, assurément le plus intéressé, le Japon, exploitant le défaut de résistance chinoise, dans le cas où la Russie serait profondément engagée dans la guerre, pourrait conquérir, presque sans résistance, la Mandchourie et la Mongolie. Le cas prévu il y a deux ans, d'après lequel la Chine et le Japon, unis, chasseraient la Russie de la Mongolie, n'aurait pas à intervenir. Si l'Angleterre était entraînée dans la lutte, le Japon pourrait aussi, à sa volonté, s'emparer de la vallée du Yang-Tsé (2).

---

(1) Remis par le baron Haymerle, sans signature, le 2 août. Timbré d'enregistrement à l'entrée du Ministère des Affaires Etrangères : 2 août après-midi.

(2) Ici, l'annotation de Zimmermann du 3 août : « Il me semble inutile de transmettre cette nouvelle tout à fait fantastique. »

N° 660
Le Chargé d'affaires à Athènes
au Chancelier de l'Empire (1).

Athènes, le 27 juillet 1914 (2).

Ainsi que j'ai eu l'honneur d'en informer Votre Excellence (3), le Gouvernement grec a fait savoir au Gouvernement serbe qu'il n'interviendrait pas dans un conflit militaire entre l'Autriche et la Serbie.

Cette déclaration peut avoir provoqué quelque déception en Serbie, car on s'était visiblement laissé aller à l'espérance que les alliés qui se trouvaient aux côtés de la Serbie dans

---

(1) D'après l'expédition.

(2) Timbre d'enregistrement à l'entrée du Ministère des Affaires Etrangères : 2 août après-midi. Le rapport soumis à l'Empereur a été rendu par lui au Ministère des Affaires Etrangères le 4 août.

(3) Voir n° 189.

toutes les questions balkaniques ne resteraient pas neutres même dans un conflit avec l'Autriche. Le ministre de Serbie avait, du moins, ainsi que je l'apprends confidentiellement, exprimé nettement l'espoir que la Grèce se placerait ouvertement aux côtés de la Serbie. Il paraît surpris et déçu de ce refus, intervenu, naturellement, sous la forme la plus amicale.

Par égard pour l'opinion actuelle, très sympathique aux Serbes, le Gouvernement n'a fait connaître son attitude que confidentiellement aux représentants de quelques puissances et il n'est pas encore intervenu à ce sujet de déclaration officielle.

Les déclarations trop serbophiles de la presse, au sujet desquelles je me réserve de vous adresser un rapport ultérieurement, ne paraissent pas opportunes au Gouvernement.

M. Streit cherche tout au moins à empêcher qu'elles ne se répandent, et il a déclaré à un correspondant allemand d'ici qu'elles ne représentent pas les vues du Gouvernement.

Le Gouvernement grec semble, en conséquence, s'efforcer avec zèle d'empêcher de troubler les bonnes relations nouvelles de la Grèce avec l'Autriche.

R. BASSEWITZ.

N° 661

Article du « Berliner Tageblatt » du 2 août 1914.
(Edition du dimanche)
avec une annotation marginale de l'Empereur (1).

QUE FERA L'ANGLETERRE ?
(Télégramme de notre correspondant).

Londres, 1er août.

La presse libérale anglaise se prononce ce matin avec décision en faveur de la conservation par l'Angleterre de sa *liberté d'action*. Le « Daily Chronicle » affirme qu'il dépend *absolument des circonstances* de savoir si l'Angleterre participera à la guerre ou non, et ajoute : « Nous n'avons, pour le

---

(1) Timbre d'enregistrement à l'entrée du Ministère des Affaires Etrangères : 2 août. Renvoyé par l'Empereur au Ministère le 3 août.

cas où la guerre éclaterait sur le continent, *aucun accord public ou non public*, limitant notre *liberté* de *décider* si nous voulons ou non participer à une pareille guerre. C'est ce qu'ont répété, à plusieurs reprises, le Premier Ministre et Sir Edward Grey. » Le journal déclare, en outre, que, dans la question principale, il s'agit de savoir qui sera le plus fort, de l'Allemagne ou de la Russie, et ajoute : « Avant que nous puissions comprendre un *appui donné à la Russie*, il serait absolument indispensable que le Ministre des Affaires Etrangères obtînt *de la Russie* une *déclaration* portant qu'elle ne continuera pas sa politique antibritannique en *Perse et dans l'Asie centrale.* » Le journal conservateur le « Times » dit : « La politique de l'Angleterre se dessine clairement et sans méprise possible. Nous désirons la paix et nous ferons tout ce qui sera possible pour la maintenir. Mais si nous nous trouvons contraints de tirer l'épée, ce sera avec la plus grande répugnance et sans passion. Quoi qu'il puisse arriver, il n'y aura jamais pour nous une guerre de haine nationale. Nous n'avons rien à prendre ni à conquérir. Mais nous ne pouvons pas rester les bras croisés et demeurer spectateurs passifs quand *nos amis* sont *en danger d'être anéantis.* Si nous le faisions, bientôt ce serait notre tour, et personne ne lèverait la main pour nous sauver. Ce n'est pas la *paix* qui représente pour nous en ce moment *l'intérêt suprême*, mais le droit de conservation qui est commun à toute l'humanité. Au cas où nous serions obligés d'intervenir, l'Angleterre ne reculera devant aucun sacrifice pour soutenir victorieusement la lutte. »

La flotte anglaise protège les côtes du nord de la France en neutralisant notre flotte ; c'est l'assistance *d'un* allié *au lieu de l'attitude d'un neutre. Car l'An-gleterre* empêche *la* coopération *de ma flotte avec mon* armée *contre un* adver-saire *se trouvant déjà en guerre contre moi ; celui ci, en violant le droit des gens, a commencé la guerre sans décla-ration. Cet état de choses ne peut subsis-ter ! L'Angleterre doit montrer ses cou-leurs* immédiatement : ou ceci ou cela !

N° 662

Le Chef de l'Etat-Major général
au Ministère des Affaires Etrangères (1).

Secret.   Berlin, le 2 août 1914 (2).

J'ai l'honneur de transmettre ci-joint au Ministère des Affaires Etrangères quelques points de vue de nature militaire et politique que je considère comme importants au point de vue militaire.

v. Moltke.

TURQUIE

Le traité d'alliance avec la Turquie doit être publié immédiatement. La Turquie doit *déclarer aussitôt que possible la guerre à la Russie* (3).

ANGLETERRE

Il faut faire des tentatives pour provoquer une insurrection dans l'Inde, si l'Angleterre devient notre adversaire.

Il faut essayer la même chose en Egypte. De même dans les colonies sud-africaines.

Si l'Angleterre faisait dépendre sa neutralité dans une guerre germano-austro-russo-française de l'assurance de l'Allemagne « qu'en cas de victoire sur la France elle en userait avec modération » (Ministère des Affaires Etrangères n° 218 du 2. 8. 14) on peut lui donner cette assurance sous la forme la plus expresse et sans réserves. Nous n'avons aucun avantage à démembrer la France mais seulement à la vaincre. La neutralité de l'Angleterre est pour nous d'une telle importance qu'il faut lui donner cette assurance sans réserves.

---

(1) D'après l'expédition.

(2) Timbre d'enregistrement à l'entrée du Ministère des Affaires Etrangères : 2 août après-midi. Il était déjà apposé lors de la rédaction du n° 648 où l'on renvoie à « Belgique » n° 662.

(3) Sous le texte, la remarque de la main de Rosenberg du 4 août : « L'affaire a été réglée comme on le désirait. »

SUÈDE

Il faut s'efforcer d'obtenir que la Suède mobilise immédiatement l'ensemble de ses forces et marche aussitôt que possible avec sa 6ᵉ division, vers la frontière finlandaise. Les efforts de la Suède doivent être dirigés de manière à éveiller et à maintenir par ces mesures les craintes de la Russie, au sujet d'une attaque à travers la Finlande, ainsi que d'un débarquement éventuel de forces suédoises sur la côte russe. Nous devons donner satisfaction à tous les désirs de la Suède, que ce soit pour la réannexion de la Finlande ou pour des désirs de toute autre nature, en tant qu'ils peuvent se concilier avec les intérêts allemands.

Si la Suède se déclare prête à une action guerrière en commun avec l'Allemagne, il faut en informer immédiatement Copenhague en le priant de faire la même chose que la Suède.

Faire adresser la même invitation à la Norvège, en rappelant les aspirations russes bien connues en Norvège : la prise de possession d'un port sans glaces sur la côte norvégienne, ce que la Russie fera incontestablement, si elle sort victorieuse de la guerre actuelle. Les aspirations russes peuvent être efficacement empêchées, si les Etats scandinaves s'opposent en commun avec l'Allemagne à la soif insatiable de conquêtes de la Russie.

L'Allemagne n'a en aucune manière l'intention de porter atteinte à l'intégrité du Royaume de Norvège et elle est volontiers prête à s'opposer maintenant et dans l'avenir à toute entreprise de la Russie dans ce sens.

DANEMARK

Aucune autre mesure n'est nécessaire. Il faut s'en tenir à la déclaration que nous avons déjà faite que nous respecterons sa neutralité tant que les mesures de nos adversaires ne nous forceront pas à des contre-mesures.

BALKANS

Il est nécessaire le plus tôt possible, de tirer au clair la situation dans les Balkans. L'Autriche doit déclarer si, dans la situation militaire actuelle, elle veut faire entrer en vigueur les accords stipulés avec la Bulgarie. Il faut également nettement tirer au clair l'attitude de la Grèce ainsi que celle de la Roumanie.

Toutes les nouvelles qui nous sont transmises au sujet des Etats balkaniques doivent être communiquées immédiatement à l'Autriche et à la Turquie.

Si l'Italie prend part à la guerre, il faut la renseigner d'une façon permanente sur la situation dans les Balkans. La nouvelle qui serait parvenue ici d'après laquelle la Roumanie dans un conflit austro-russe serait forcée de rester neutre, mais aurait déclaré catégoriquement qu'en aucune circonstance elle ne se mettrait du côté de la Russie est de la plus grande importance pour l'Autriche et doit lui être communiquée immédiatement.

BELGIQUE

La réponse à la sommation allemande doit parvenir à ma connaissance au plus tard demain lundi 3 août à 2 heures après-midi. Je propose d'assigner un délai de douze heures pour la réponse. Si d'après les vues du Ministère des Affaires Étrangères, cela n'était pas possible, un délai doit être assigné en remettant la lettre. Mais je crois qu'un délai de douze heures est le plus favorable.

Remise en même temps de la note à la Hollande avec copie de la note remise à la Belgique.

Remise en même temps de la note à l'Angleterre, en ajoutant que l'Allemagne, même au cas d'un conflit militaire avec la Belgique, ne menacerait pas l'existence de cet Etat, mais, après la conclusion de la paix, maintiendrait l'intégrité de la Belgique. L'Angleterre devrait considérer dans ce cas l'attitude de l'Allemagne comme un acte de légitime défense contre la menace dirigée par les Français contre le territoire allemand.

ITALIE

Il est absolument nécessaire d'obtenir une déclaration aussi prompte que possible à l'effet de savoir si l'Italie est disposée à prendre une part active à la guerre, conformément aux obligations de la Triple-Alliance. Je n'attache pas d'importance à ce que l'Italie nous fasse dans une large mesure les envois de troupes qu'elle a promis. Si l'Italie, vu la situation politique générale, ne peut envoyer que peu de troupes en Allemagne, même quand il ne s'agirait que d'une division de cavalerie, cela me suffirait. Il n'importe pas que l'Italie nous assiste activement avec des forces considérables, mais que la Triple Alliance, comme telle, apparaisse unie dans la guerre. Ce but sera atteint par le plus petit envoi de troupes. J'attire l'attention sur la lettre du général Pollio n° 2 remise au Ministère des Affaires Etrangères : « le Gouvernement me charge de dire à Votre Excellence... »

Si l'Italie déclare qu'elle veut prendre part à la guerre, il est nécessaire d'obtenir le plus tôt possible des informations sur les mesures militaires que se propose l'Italie, ce qui pourrait avoir lieu par des relations directes d'Etat-Major à Etat-Major, ainsi que la communication de la date du premier jour de la mobilisation en Italie.

RUSSIE

La déclaration de guerre à la Russie est devenue inutile par l'attaque de la Russie contre nous, à notre frontière est. Si la déclaration de guerre russe ne nous est pas encore parvenue après les premières opérations russes, la Russie s'est mise en contradiction avec les conventions de La Haye.

FRANCE

Notre déclaration de guerre éventuelle, est absolument indépendante de la démarche entreprise en Belgique ; l'une n'est pas la condition de l'autre. Je ne considère pas comme nécessaire de remettre immédiatement la déclaration de guerre à la France, mais je compte plutôt que si nous nous abstenons provisoirement, la France se verra obligée par l'opinion publique de faire des actes de guerre contre l'Allemagne, même sans qu'une déclaration de guerre soit formellement intervenue. Très probablement la France assumera le rôle de protectrice de la neutralité belge en Belgique, aussitôt que la démarche de l'Allemagne contre la Belgique sera connue à Paris.

De ce côté on a pris des mesures pour empêcher les violations de la frontière française jusqu'à ce que les entreprises de la France l'exigent.

JAPON

Le Japon doit être invité à profiter de l'occasion favorable pour satisfaire toutes ses aspirations en Extrême-Orient et surtout contre la Russie engagée dans une action guerrière européenne.

Si le Japon désire éventuellement obtenir le concours allemand, il faut le lui accorder. Nous pouvons promettre au Japon tout ce qu'il désire sous ce rapport.

PERSE

Il faut inviter la Perse à profiter de l'occasion favorable pour secouer le joug russe, et, si possible, à marcher d'accord avec la Turquie (4).

______

(4) Devant les mots « d'accord avec la Turquie » note de Mirbach : « cela, probablement, n'amènerait qu'un échange de vues sans objet et sans résultat entre les deux Gouvernements musulmans, peu actifs et très défiants. »

N° 663

Le Chef de l'Etat-Major général
au Ministère des Affaires Etrangères (1).

(Communication).

Le Commandement général du 15e corps d'armée
au Chef de l'Etat-Major général.

Télégramme (sans numéro).

Strasbourg, le 2 août 1914 (2).

Dans la nuit du 1er au 2 août des violations de frontière ont été commises par l'infanterie française en face de Mar-

______

(1) D'après une copie.
(2) Porté le 2 août à la connaissance du Ministère des Affaires Etrangères par le lieutenant-colonel de Fabeck d'après des instructions du chef de l'Etat-Major général. Timbre d'enregistrement à l'entrée : 3 août matin.

kirch. Les Français ont ouvert les premiers le feu. Point de pertes. Au col de la Schlucht il semble qu'il y ait eu aussi violation de la frontière de la part des Français. Sur ce dernier point confirmation suivra.

Commandement général du 15ᵉ corps d'armée.

N° 664

Le Secrétaire d'Etat des Affaires Etrangères à l'Ambassadeur à Rome (1).

Télégramme 162.

Berlin, le 2 août 1914 (2).

D'après une communication du commandement général du 3ᵐᵉ corps d'armée bavarois, les aviateurs français jettent des bombes aux environs de Nuremberg (3). D'autre part, des patrouilles françaises ont franchi la frontière (4). Ces actes d'hostilité avant la déclaration de guerre signifient une attaque de la France contre nous (5). On se trouve donc en présence du *casus fœderis* (6).

La Russie a également hier, avant toute déclaration de guerre, ouvert les hostilités.

JAGOW.

(1) D'après la minute de la main de Jagow.
(2) 4 h. 35 après-midi à l'Office central télégraphique.
(3) Voir n° 758.
(4) « D'autre part... ont franchi la frontière » ajouté de la main de Stumm.
(5) Cette phrase, originairement conçue au singulier, a été changée en pluriel par Stumm, en tenant compte de l'insertion de la phrase précédente.
(6) Voir N° 745.

N° 665

Le Chargé d'affaires à Tanger au Ministère des Affaires Etrangères (1).

Télégramme 89.

Tanger, le 2 août 1914 (2).

Le journal de Casablanca d'hier annonce un prétendu

(1) D'après le déchiffrement.
(2) Remis à Tanger 1 h. 10 après-midi, parvenu au Ministère des Affaires Etrangères 5 h. 6 après-midi. Timbre d'enregistrement à l'entrée : 2 août

échange de dépêches entre le Ministre de la Guerre français et le Résident général. Ce dernier, au cas d'une guerre européenne, se serait déclaré prêt à envoyer trente mille hommes et se serait offert à les diriger personnellement en France. Jusqu'à hier soir, ni dans la gare militaire, ni dans le port de Casablanca on n'a rien vu de saillant (3).

- DIECKHOFF.

---

après-midi. Le déchiffrement a été soumis à l'Empereur le 2 août. Communiqué le 2 août à l'Etat-Major général, au Ministère de la Guerre, à l'Etat-Major de la Marine, au Ministère de la Marine. Communiqué également par Jagow le 2 août, après quelques légères modifications, à Rome, en le faisant précéder des mots : « A communiquer au cas où l'Italie marcherait avec nous. » 11 h. 20 soir à l'Office central télégraphique.

(3) Voir n° 618.

N° 666

**L'Ambassadeur à Pétersbourg
au Ministère des Affaires Etrangères (1).**

Télégramme 215.

Urgent.

Comme les Russes ont déjà brûlé des villages prussiens et fait sauter des ponts, ma réponse n'est plus nécessaire (4). La Russie ne nous a d'ailleurs pas répondu non plus.

Pétersbourg, le 2 août 1914 (2).

A l'instant, M. Sasonow me demande téléphoniquement, comment on peut expliquer ce qui suit : Sa Majesté l'Empereur de Russie a reçu il y a quelques heures un télégramme de notre Auguste Souverain daté de 10 h. 45 du soir (3) et dont la phrase finale exprime la demande que l'Empereur Nicolas ordonne à ses troupes de ne franchir en aucun cas la frontière. M. Sasonow demande comment je peux expliquer une pareille demande,

---

(1) D'après la copie du télégramme urgent en clair.

(2) Télégramme remis à Pétersbourg 5 h. 50 matin, parvenu au Ministère des Affaires Etrangères 5 h. 19 après-midi. Timbre d'enregistrement à l'entrée : 2 août après-midi. Soumis à l'Empereur et rendu par lui le 2 août.

(3) Voir n° 600.

(4) Les mots « ma réponse n'est plus nécessaire » ont été soulignés par Mirbach au crayon bleu.

après que j'ai remis la note connue hier soir (5). J'ai répondu que je ne pourrais (6) pas trouver d'autre explication que celle que probablement le télégramme de mon Empereur avait été remis dès avant-hier soir à 10 heures 45 minutes. S'il y avait encore quelque chose à communiquer ou à expliquer (7), je vous prie de le transmettre directement ou peut-être par l'entremise de l'ambassadeur d'Italie, car je pars dans trois heures pour Stockholm.

POURTALÈS.

---

(5) Voir n° 542.
(6) D'après un télégramme rectificatif parvenu au Ministère des Affaires Etrangères le 3 août 10 h. 35 matin, au lieu de « pourrais » lire « pouvais ».
(7) D'après le télégramme rectificatif lire : « communiquer ou expliquer ».

N° 667

Le Secrétaire d'Etat des Affaires Etrangères à l'Ambassadeur à Londres (1).

Télégramme 210.
Secret.   Berlin, le 2 août 1914 (2-3).

Nous avons des nouvelles sûres que les Français, en dépit de leur déclaration, ont concentré de grandes masses de troupes à la frontière belge, et prennent leurs dispositions en vue de l'invasion de la Belgique. Pour éviter toute surprise, nous serons probablement contraints de prendre des contre-mesures. En ce cas, nous donnerons à la Belgique, si elle nous promet une *neutralité bienveillante*, l'assurance qu'après la fin de la campagne nous respecterons dans toute son étendue l'intégrité de la Belgique et que nous donnerons à

---

(1) Minute de la main de Jagow.
(2) A l'Office central télégraphique 5 h. 30 après-midi.
(3) Voir n° 641.

Doc. III.   11

la Belgique pleines compensations pour toutes réquisitions et pour tous dommages que nous aurons pu causer. L'Angleterre doit voir exclusivement dans l'attitude de l'Allemagne un acte de légitime défense contre les menaces françaises. Même dans le cas d'un conflit militaire avec la Belgique, l'Allemagne, après la conclusion de la paix, respectera l'intégrité de la Belgique. Je vous prie de faire cette communication au Gouvernement britannique, mais seulement demain lundi dans la matinée (4).

JAGOW.

------

(4) Voir n° 764.

N° 668

**L'Ambassadeur à Vienne
au Ministère des Affaires Étrangères (1).**

Télégramme 155.

Vienne, le 2 août 1914 (2).

Le comte Berchtold a dit aujourd'hui au duc d'Avarna ce qui suit :

« Il aurait reçu de Rome la nouvelle qu'on se proposait éventuellement de rester neutre ou de n'intervenir que plus tard. Pour parer à tout malentendu, il l'informait que la déclaration que le Gouvernement Impérial et Royal a donnée hier (3) à votre Gouvernement au sujet de l'acceptation de votre interprétation de l'article 7, a été faite sur la base de notre ferme conviction que l'Italie remplisse dès le début ses devoirs d'allié, conformément à l'article 3 du traité d'alliance » (4). Rapport suit.

TSCHIRSCHKY.

------

(1) D'après le déchiffrement.

(2) Remis à Vienne 3 h. 20 après-midi, parvenu au Ministère des Affaires Étrangères 5 h. 40 après midi. Timbre d'enregistrement à l'entrée : 2 août après-midi.

(3) Voir n° 594.

(4) Les mots « que la déclaration... du traité d'alliance », en français dans le texte. (Note du Traducteur).

N° 669
L'Ambassadeur à Londres
au Ministère des Affaires Etrangères (1).

Télégramme 220.

Londres, le 2 août 1914 (2).

Pour l'Etat-Major de la Marine et l'Etat-Major général, avec le chiffre du Ministère des Affaires Etrangères.

L'ambassadeur, de son entretien avec le Premier Ministre et le Ministre des Affaires Etrangères, a nettement recueilli l'impression que l'Angleterre, si cela était possible, désirerait rester neutre. Pour ne pas rendre cette attitude plus difficile, il serait désirable d'éviter tout acte de notre marine qui pourrait amener des incidents et être considéré comme une provocation. Parmi ces actes, il y a *avant tout* les entreprises de notre flotte contre la côte française du nord qui a été dégarnie par la France vu sa confiance dans l'Angleterre (3). Les entreprises de la flotte contre la Russie sont indifférentes à l'Angleterre. Les Anglais ne se rapprocheront pas, jusqu'à nouvel ordre, des eaux allemandes et attendent de nous la réciprocité. Ce sont les dispositions du Cabinet d'ici. Des promesses qui obligent n'ont été données en aucune façon.

Attaché militaire

LICHNOWSKY.

---

(1) D'après le déchiffrement.

(2) Remis à Londres 12 h. 19 après-midi, parvenu au Ministère des Affaires Etrangères 5 h. 50 après-midi. Timbre d'enregistrement à l'entrée : 2 août après-midi. Déchiffrement soumis le 2 août à l'Empereur. Communiqué le même jour à l'Etat-Major général, au Ministère de la Guerre, à l'Etat-Major de la Marine et au Ministère de la Marine.

(3) Cf. n° 676, chiffre 2 et n° 714.

Nº 670

Le Commandement général du 8ᵐᵉ Corps d'armée au Grand Etat-Major général (1).

Télégramme (sans numéro).

Coblence, le 2 août 1914 (2).

Le Président du gouvernement de Dusseldorf annonce que ce matin 80 officiers français en uniforme d'officiers prussiens ont cherché en vain à franchir la frontière avec douze autos près de Walbeck à l'ouest de Geldern.

Commandement général du 8ᵐᵉ Corps.

(1) D'après l'expédition de l'Office central télégraphique
(2) Remis à Coblence le 2 août sans indication d'heure, parvenu 3 h. 1 après-midi. L'Etat-Major en a pris connaissance à 5 h. 5o après-midi. Transmis le 2 août à 6 h. 35 après-midi au bureau Wolff. Il a été soumis à Stumm. Versé aux Archives du Ministère des Affaires Etrangères 6 août après-midi. Voir nᵒ 677.

Nº 671

Le Secrétaire d'Etat des Affaires Etrangères au Ministre à La Haye (1).

Télégramme 26.

Berlin, le 2 août 1914 (2).

Nos mesures militaires en Luxembourg étaient indispensables pour la protection de notre armée et de nos chemins de fer, car, d'après nos informations, des forces françaises avançaient vers le Luxembourg. Ces mesures ne signifient nullement un acte d'hostilité contre le Luxembourg. Nous en avons fait part au Gouvernement du Luxembourg et l'avons assuré qu'il serait pleinement indemnisé de tous les dommages que nous pourrions causer éventuellement (3).

Je vous prie de communiquer ce qui précède au Gouvernement néerlandais.

JAGOW.

(1) D'après la minute de la main de Jagow.
(2) 6 h. après-midi à l'Office central télégraphique.
(3) Voir nᵒ 640.

N° 672
L'Ambassadeur à Vienne
au Ministère des Affaires Etrangères (1).

Télégramme 156.

Vienne, le 2 août 1914 (2).

Vos instructions ont été exécutées (3). Le comte Berchtold me confirme les assurances déjà données dans le télégramme de réponse de l'Empereur François-Joseph (4) à notre Auguste Souverain, portant que l'on ferait ici tout ce qui serait possible pour agir activement contre la Russie avec les forces principales. Le comte Forgach a ajouté à ce sujet qu'on ne dirigerait sur la Serbie que ce qui serait nécessaire pour la conduite d'une guerre défensive.

D'ailleurs, le comte Kageneck m'annonce que le général von Conrad a informé avec précision le général de Moltke par une lettre que ce dernier a reçue ce matin, de la modification de l'ordre de marche.

TSCHIRSCHKY.

(1) D'après le déchiffrement.
(2) Remis à Vienne 2 août 5 h. 20 après-midi, parvenu au Ministère des Affaires Etrangères 6 h. 5 après-midi. Timbre d'enregistrement à l'entrée : 2 août après-midi. Transmis le 2 août à l'Etat-Major général, au Ministère de la Guerre, à l'Etat-Major de la Marine et au Ministère de la Marine.
(3) Voir n° 627.
(4) Voir n° 601.

N° 673
Le Ministre à Sofia
au Ministère des Affaires Etrangères (1).

Télégramme 43.

Sofia, le 2 août 1914 (2-3).

Le Président du Conseil des Ministres, avec l'assentiment du Roi, m'a proposé aujourd'hui à moi et à mon collègue

(1) D'après le déchiffrement.
(2) Remis à Sofia 1 h. 30 après-midi, parvenu au Ministère des Affaires Etrangères 6 h. 5 après-midi. Timbre d'enregistrement à l'entrée : 2 août après-midi.
(3) Voir n° 549.

autrichien, l'accession de la Bulgarie à la Triple Alliance, sur les bases suivantes.

1° La Triple Alliance garantit à la Bulgarie ses possessions territoriales actuelles contre toute attaque, de quelque côté qu'elle puisse venir.

2° La Triple Alliance promet à la Bulgarie son appui dans ses aspirations à de futures annexions de territoires sur lesquels elle possède des droits historiques et ethnographiques, et qui se trouvent sous la domination d'un Etat qui n'appartient pas à la Triple Alliance.

Au cas où la Roumanie marcherait avec la Triple Alliance, elle n'aurait rien à craindre de la Bulgarie, et, au cas de modifications territoriales ultérieures, la Bulgarie ne cherchera d'acquisitions qu'à l'ouest. Si la Roumanie passait du côté de la Russie, la Bulgarie aurait liberté d'action pour faire valoir ses prétentions sur la Dobroudja et marcherait éventuellement contre la Roumanie.

Le Président du Conseil des Ministres n'a pas encore informé mon collègue italien et laisse à Votre Excellence le soin de s'entendre avec Rome (4).

MICHAHELLES.

----

(4) Voir nᵒˢ 697 et 698.

Nᵒ 674

Le Secrétaire d'Etat des Affaires Etrangères au Ministre à La Haye (1).

Télégramme 25.

Secret. Urgent.　　　　　　　Berlin, le 2 août 1914 (2).

Je prie Votre Excellence de vouloir bien ouvrir immédiatement le pli annexe (3) à la dépêche Nᵒ 79 (4) et de donner

----

(1) D'après la minute. Projet de la main de Rosenberg.

(2) Le projet paraphé par Zimmermann le 31 juillet porte deux paraphes de Rosenberg, dont l'un daté du 2 août, tandis que derrière l'autre, — antérieur — on ne peut pas lire de date. La date du 2 août a été insérée postérieurement au-dessus du texte du télégramme. Le télégramme a été remis le 2 août 6 h. 15 après-midi à l'Office central télégraphique.

(3) Voir nᵒ 376.

(4) Voir nᵒ 426.

connaissance demain lundi dans la matinée (5) au Gouvernement royal néerlandais de la démarche qui sera effectuée ce soir à 8 heures à Bruxelles. Le délai assigné pour la réponse belge n'est pas de 24 heures mais de 12 heures (6). Je prie Votre Excellence de déclarer au Gouvernement néerlandais que le Gouvernement impérial compte absolument que les Pays-Bas (7) conserveront à l'égard de l'Allemagne une neutralité bienveillante, ce qui fortifiera les (8) relations amicales existantes entre les deux pays (9). A cette condition la neutralité des Pays-Bas sera respectée par l'Allemagne dans toute son étendue (10). Le Gouvernement néerlandais doit avoir l'impression que *toutes* les instructions relatives à cette affaire ne vous sont parvenues qu'aujourd'hui. Je vous prie de m'accuser immédiatement réception de ce télégramme ainsi que de la date de vos ouvertures et de l'accueil qu'elles auront reçu (11).

JAGOW.

(5) « demain lundi dans la matinée » ajouté de la main de Stumm.

(6) Le passage « de la démarche. .mais de 12 heures » est une modification par Rosenberg du texte primitif. « Donner connaissance au Gouvernement néerlandais. . en faisant observer que la déclaration à Bruxelles aura ieu aujourd'hui En même temps ».

(7) Après les mots « les Pays-Bas » les mots qui suivaient : « dans la guerre actuelle » ont été de nouveau rayés par Rosenberg.

(8) Après le mot « les » le mot « étroites » qui suivait a été supprimé dans le projet.

(9) Les mots qui suivaient « les deux pays ». « unis par la race et par les liens du sang » ont été rayés dans le projet.

(10) Primitivement la phrase de la communication de de Moltke au Gouvernement néerlandais (voir n⁰ 426 note 3, § 2) : « Si de la partie du Sud... réparerait aussitôt. » devait être insérée ici.

(11) Voir nᵒˢ 738 et 797

N⁰ 675
L'Ambassadeur à Rome
au Ministere des Affaires Etrangeres (1).

Télégramme 170.   Rome, le 2 août 1914 (2-3).

L'état de guerre a été annoncé ici. Le marquis de San

(1) D'après le déchiffrement.

(2) Remis à Rome 2 h. 20 après-midi ; parvenu au Ministère des Affaires

Giuliano a répondu que le Conseil des Ministres d'hier avait
abouti à la conclusion qu'on ne se trouvait pas en présence
du *casus fœderis*, vu qu'il s'agissait d'une guerre d'agression. L'Italie n'avait pas été interrogée à l'avance, et n'était
pas par conséquent liée. On ne lui avait même pas laissé le
temps de prendre des mesures militaires quelconques. Pour
ces motifs, elle voulait tout d'abord rester neutre, sous réserve
de résolutions ultérieures en faveur des alliés. Le Ministre
insista à plusieurs reprises sur cette possibilité.

La nouvelle d'une attaque des troupes russes sur territoire
allemand fit impression sur lui. Mais lorsqu'il fit observer
qu'il ne s'agissait que de petits combats de frontières qui ne
rendraient peut-être pas nécessaire une mesure aussi grave,
j'ai eu avec lui une vive altercation.

À mes reproches le Ministre répondit qu'il voulait me dire
tout à fait confidentiellement que, d'après des informations
concordantes et fondées, le Gouvernement italien, en cas de
participation à la guerre, aurait la révolution dans le pays.
Il faut bien convenir que ce danger ne peut pas être complètement nié. La situation ici, depuis un an, est devenue très
inquiétante. Mais je crois que plus encore que par cela, les
résolutions actuelles sont dictées par la peur de l'Angleterre, et qu'on ne pourra guère arriver à un résultat si l'on
n'empêche pas la participation de l'Angleterre à la guerre.

Le Ministre a dit que la Roumanie observerait la même
attitude que l'Italie.

FLOTOW.

Etrangères 6 h. 20 après-midi. Timbre d'enregistrement à l'entrée : 2 août
après-midi Soumis à l'Empereur le 2 août. Le passage : « L'état de guerre...
sur cette possibilité » a été communiqué à l'Etat-Major, au Ministère de la
Guerre, à l'Etat-Major de la Marine et au Ministère de la Marine, transmis
par messager le 3 août 7 h. 25 matin.

(3) Voir n° 628.

N° 676

L'Ambassadeur à Londres
au Ministère des Affaires Etrangères (1).

Télégramme 221.

Londres, le 2 août 1914 (2-3).

J'ai réussi jusqu'à présent à maintenir ici des disposition tout à fait amicales à notre égard, et je conseille instamment de ne pas les compromettre par des mesures provocatrices quelles qu'elles soient. Parmi ces mesures, je range avant tout une attaque de la flotte allemande contre la côte française du nord ainsi que toute approche de notre flotte des eaux britanniques. Je suis convaincu que provisoirement on n'a pas la moindre intention de nous déclarer la guerre, et qu'on veut plutôt attendre le cours des événements. Comme j'avais appris qu'aujourd'hui a lieu la séance décisive du Cabinet, après laquelle M. Asquith fera demain une déclaration à la Chambre des Communes, je viens de rendre visite au Premier Ministre et j'ai discuté avec lui à fond notre point de vue. Ce vieux Monsieur eut plusieurs fois les larmes aux yeux et il me dit : « A war between our two countries is quite unthinkable » (4). J'attirai son attention sur la grande communauté de nos intérêts respectifs qui avait pris dans les derniers temps une si grande extension et un si grand développement, et sur l'impossibilité de renouer jamais des relations aussi confiantes, si les deux pays étaient engagés l'un contre l'autre dans une guerre. Pour ébranler l'argument fondamental des Anglais qu'ils devaient protéger la France, je décla-

---

(1) D'après le déchiffrement.

(2) Remis à Londres 1 h. 23 après-midi, parvenu au Ministère des Affaires Etrangères 2 août 6 h. 48 après-midi. Timbre d'enregistrement à l'entrée : 2 août après-midi. Communiqué immédiatement, d'après une décision de Zimmermann, à l'Etat Major général, au Ministère de la Guerre, à l'Etat-Major de la Marine, au Ministère de la Marine ; transmis le 2 août 2 h. 10 matin.

(3) Voir n° 626.

(4) Traduction : « Une guerre entre nos deux pays est tout à fait inconcevable ». (Note du Traducteur).

rai que c'était nous qui avions besoin de protection, attendu que nous avions affaire à deux adversaires, et la France à un seulement. Si la Grande-Bretagne se tenait hors de la lutte, il lui serait bien plus facile de remplir, lors du rétablissement de la paix, le rôle de médiateur impartial, que si elle participait à une guerre qui serait alors une guerre d'anéantissement pour toute la civilisation européenne.

Asquith répondit qu'une guerre entre l'Angleterre et l'Allemagne dans l'état actuel de l'opinion serait très impopulaire, mais qu'une attitude neutre du Gouvernement anglais serait rendue très difficile par deux faits :

1° Par la violation de la neutralité belge qui était garantie par l'Angleterre. En l'année 1870, Gladstone avait déclaré que la violation de la neutralité belge serait pour la Grande-Bretagne un *casus belli*. En tout cas il y aurait un revirement inquiétant dans l'opinion publique du pays.

2° Une attaque éventuelle de navires de guerre allemands contre la côte nord de la France absolument sans protection, vu que les Français, se fiant à l'appui britannique, l'avaient dégarnie en faveur de leur flotte de la Méditerranée (5). Il ne voulait pas dire que la Grande-Bretagne attaquerait immédiatement, mais cela rendrait très difficile au Gouvernement britannique de maintenir l'attitude neutre qu'il se proposait d'observer provisoirement.

J'ai l'impression très nette que l'Angleterre, provisoirement, observera une attitude réservée à notre égard, mais je conseillerais instamment de tenir compte autant que possible de l'opinion publique d'ici.

Je viens aussi de parler à Sir Edward Grey avant la séance et j'ai encore attiré instamment son attention sur l'importance de ne pas détruire pour toujours à l'avenir la coopération si fructueuse qu'il y avait entre nous ces temps derniers.

Le Ministre me répéta qu'il ne pouvait pas me donner d'assurances nettes. Il semblait résulter de ses paroles qu'il aurait désiré s'abstenir de toute attaque. Mais nous ne saurions nous dissimuler que les bonnes intentions évidentes du

---

(5) Cf. nᵒˢ 669 et 714.

Gouvernement et l'opinion générale favorable à l'Allemagne auraient à subir une dure épreuve par la violation de la neutralité belge, et qu'au cas où nous remporterions des victoires éclatantes en France, ou si nous avancions jusqu'à. Paris, elles seraient très compromises.

Notre déclaration de guerre à la Russie a produit ici une impression défavorable pour nous, car on pense que le Tsar s'efforçait encore de recourir à la médiation, et avait donné sa parole qu'aucun soldat ne franchirait la frontière aussi longtemps qu'on pouvait espérer une solution pacifique. Je répondis naturellement à cette objection en me référant à la mobilisation qui avait eu lieu en Russie, en dépit de l'action médiatrice engagée par Sa Majesté, conformément au désir du Tsar (6).

LICHNOWSKY.

------

(6) Voir n° 696.

N° 677

Le Secrétaire d'Etat des Affaires Etrangères aux Ministres à La Haye et à Bruxelles et à l'Ambassadeur à Londres (1).

Télégramme 43, 27, 211.

Berlin, le 2 août 1914 (2).

Je vous prie de faire part au Gouvernement de ce pays que ce matin quatre-vingts officiers français, en uniforme d'officiers prussiens, ont cherché avec douze automobiles, à franchir la frontière allemande à Walbeck à l'ouest de Geldern (3). Cela signifie la plus grave violation possible de neutralité de la part de la France (4).

JAGOW.

------

(1) D'après la minute. Projet de la main de Stumm.
(2) 6 h. 55 après-midi à l'Office central télégraphique.
(3) Voir n° 670.
(4) Voir n°ˢ 709, 738 et 797.

N° 678

Le Consul général à Bâle
au Ministère des Affaires Etrangères (1)

Télégramme 4.

Saint-Louis–Bâle, le 2 août 1914 (2).

L'information relative aux pigeons voyageurs (3) se confirme. On a arrêté cinq personnes parmi lesquelles deux ex-officiers français. Un panier à demi vide, et trois paniers pleins de pigeons voyageurs ont été séquestrés.

WUNDERLICH.

------

(1) D'après le déchiffrement.

(2) Remis à Saint-Louis 5 h. 14 après-midi, parvenu au Ministère des Affaires Etrangères 7 h. 3o soir. Timbre d'enregistrement à l'entrée : 2 août après-midi. Communiqué le 2 août à l'Etat-Major général, au Ministère de la Guerre, à l'Etat-Major de la Marine et au Ministère de la Marine.

(3) Voir n° 645.

N° 679

La Commission du Sénat de la Ville libre et hanséatique de Hambourg pour les Affaires de l'Empire et les Affaires Etrangères, au Ministère des Affaires Etrangères (1).

Télégramme (sans numéro).

Hambourg, le 2 août 1914 (2-3).

On a remis ses passeports cet après-midi à 1 heure au ministre de Russie.

La Commission du Sénat
pour les Affaires de l'Empire et les Affaires Etrangères.

------

(1) Télégramme en clair.

(2) Remis à Hambourg 5 h. 45 après-midi, parvenu au Ministère des Affaires Etrangères 7 h. 4o soir. Timbre d'enregistrement à l'entrée : 2 août nprès-midi.

(3) Voir n°s 591, 636 et 685.

N° 680
L'Office central télégraphique au Bureau du chiffre du Ministère des Affaires Etrangères (1).

Télégramme (sans numéro).

Berlin, le 2 août 1914 (2).

Depuis quelque temps le service d'exploitation n'expédie plus de Londres de télégrammes à Berlin, alors que Londres reçoit tous les télégrammes qui sont transmis de cette ville (3).

Office central télégraphique.

---

(1) Télégramme en clair.

(2) Remis par l'Office central télégraphique 7 h. 4o soir, parvenu au Ministère des Affaires Etrangères 8 h 25 soir. Timbre d'enregistrement à l'entrée : 2 août après-midi.

(3) Voir nᵒˢ 654, 686 et 720.

N° 681
Le Ministre à Berne au Ministère des Affaires Etrangères (1).

Télégramme 22.

Urgent. Berne, le 2 août 1914 (2).

Le Gouvernement suisse nous informe que des patrouilles de uhlans allemands auraient utilisé la route située sur le territoire suisse, entre le village alsacien de Liaottendorf (3) et Pfetterhausen. A la protestation de l'officier de frontière suisse, on aurait répondu que la route était internationale, ce qui est évidemment faux. Le Gouvernement suisse demande instamment qu'on y remédie.

ROMBERG.

---

(1) D'après le déchiffrement.

(2) Remis à Berne 7 h. 25 soir, parvenu au Ministère des Affaires Etrangères 8 h. 4o soir. Timbre d'enregistrement à l'entrée : 2 août après-midi. Communiqué le 2 août à l'Etat-Major général, au Ministère de la Guerre, à l'Etat-Major de la Marine et au Ministère de la Marine.

(3) *Sic* dans le déchiffrement.

(4) Voir n° 701.

N° 682

Le Secrétaire d'Etat des Affaires Etrangères au Ministre à Bruxelles (1).

Télégramme 44.

Berlin, le 2 août 1914 (2).

Les inquiétudes que nous avons exprimées dans la dépêche n° 87 (3) au sujet de l'attitude de la France, sont confirmées par le fait qu'aujourd'hui, par une violation du droit des gens, elle a entrepris contre nous des actes d'hostilité (lancement de bombes par des aviateurs, violation de la frontière par des patrouilles de cavalerie).

Je vous prie d'en informer immédiatement le Gouvernement belge (4).

Jagow.

____

(1) D'après la minute. Projet de la main de Stumm. Voir la décision marginale de l'Empereur n° 584.
(2) 9 h. 5 soir à l'Office central télégraphique.
(3) Voir n° 376.
(4) Voir n° 709. Cf. I Livre Gris belge n° 21.

N° 683

L'Aide de camp de service de Mutius au Ministère des Affaires Etrangères (1).

Berlin, Château, le 2 août 1914 (2)

9 h. 15 du soir.

Sa Majesté ordonne qu'à la demande d'hier de l'ambassadeur de Wangenheim, au sujet du *Göben* (3) on réponde : « *Le croiseur Göben n'est pas disponible en ce moment* » (4).

von Mutius.

____

(1) D'après l'expédition.
(2) Timbre d'enregistrement à l'entrée du Ministère des Affaires Etrangères 2 août après-midi.
(3) Voir n° 652.
(4) Voir nos 712 et 775.

N° 684
Le Ministre à Luxembourg
au Ministère des Affaires Étrangères (1).

Télégramme 19.

Luxembourg, le 2 août 1914 (2).

Son Excellence Fuchs m'a prié, après avoir pris connaissance du texte du télégramme n° 12 (3), de faire part qu'après réflexion il hésite beaucoup à exécuter l'ordre qu'il a reçu relativement à l'arrestation de divers hauts fonctionnaires luxembourgeois, et il demande une réponse précise(4).

BUCH.

____

(1) D'après le déchiffrement.
(2) Remis à Luxembourg 7 h. 10 soir, parvenu au Ministère des Affaires Etrangères 9 h. 36 soir. Timbre d'enregistrement à l'entrée : 2 août après-midi.
(3) Voir n° 640
(4) En marge, observation de la main de Stumm en date du 2 août : « l'Etat-Major général promet d'y pourvoir ».

N° 685
La Commission du Sénat de la Ville libre et hanséatique de Hambourg pour les Affaires de l'Empire et les Affaires Etrangères, au Ministère des Affaires Etrangères.

Télégramme (sans numéro).

Hambourg, le 2 août 1914 (1).
Pour faire suite au télégramme d'aujourd'hui (2).

Le ministre de Russie est parti avec tout le personnel de la légation ce soir à 7 h. 10 à destination de Warnemünde pour se rendre en Russie par le Danemark et la Suède.

La Commission du Sénat pour les Affaires de l'Empire et les Affaires Etrangères.

____

(1) Télégramme en clair remis à Hambourg 8 h. 35 soir, parvenu au Ministère des Affaires Etrangères 10 h. 25 soir Timbre d'enregistrement à l'entrée : 2 août après-midi. La copie a été soumise à l'Empereur, est retournée au Ministère 3 août. Le télégramme a été répété le 3 août.
(2) Voir n° 679.

N° 686
L'Office central télégraphique
au Ministère des Affaires Étrangères (1).

Télégramme (sans numéro).

Berlin, le 2 août 1914 (2).

Londres, depuis peu, expédie de nouveau des télégrammes à Berlin (3).

Office central télégraphique.

(1) D'après une copie.
(2) Remis à l'Office central télégraphique 10 heures soir, parvenu au Ministère des Affaires Etrangères 10 h. 27 soir. Timbre d'enregistrement à l'entrée : 2 août après-midi.
(3) Voir n⁰ˢ 680 et 720.

N° 687
L'Ambassadeur à Londres
au Ministère des Affaires Etrangères (1).

Télégramme 225.

Londres, le 2 août 1914 (2).

Sir Eyre Crowe, au cours d'une conversation, a déclaré que, d'après une communication faite ici tout dernièrement, l'Autriche semblait maintenant disposée à donner son assentiment à la discussion approfondie de ses différends avec la Serbie par une conférence de quatre puissances à Londres ; mais cette communication est venue trop tard pour avoir encore une utilité pratique (3).

LICHNOWSKY.

(1) D'après le déchiffrement.
(2) Remis à Londres 6 h. 12 après-midi, parvenu au Ministère des Affaires Etrangères 11 h. 4 soir. Timbre d'enregistrement à l'entrée : 2 août après-midi.
(3) Cf. Livre Rouge autrichien n⁰ 51 et Livre Bleu anglais n⁰ 135.

N° 688
Le Ministre à Bucarest
au Ministère des Affaires Étrangères (1).

Télégramme 58.

Sinaia, le 2 août 1914 (2).

Le ministre résidant à Galatz télégraphie le 1ᵉʳ août :
« Activité fiévréuse dans les fortifications. Hier dans la
fabrique d'ici 47 wagons de fils de fer barbelés et d'autre fils de
fer ont été achetés pour les ouvrages de Galatz, d'Hanuconaki
et de Focsani, pour être livrés immédiatement ». Le consul
général à Jassy télégraphie : «La frontière orientale doit être
pleine de militaires russes. Je vous demande, vu cette information ce qu'il faut faire du chiffre et du personnel du consulat,
au cas où les Russes occuperaient Jassy ». D'après l'attaché
militaire autrichien, trois mille wagons sont prêts pour le
transport des troupes, et les magasins de la voie ferrée du
district de Jassy ont été préparés pour le ravitaillement des
troupes. Des autorités de Burdujeni ont dit à Take Jonesco, qui
revenait de Londres, qu'en Bessarabie il y a des mouvements
de troupes vers la frontière roumaine. Take Jonesco croit
que l'Angleterre, le cas échéant, débarquera cent quarante
mille hommes à Dunkerque. Je serai reçu lundi matin par le Roi.

WALDTHAUSEN.

____

(1) D'après le déchiffrement.
(2 Remis à Sinaia 2 août 8 heures soir, parvenu au Ministère des Affaires
Etrangères 11 h. 4 soir. Timbre d'enregistrement à l'entrée : 3 août matin.
Communiqué le 3 août à l'Etat-Major général, au Ministère de la Guerre, à
l'Etat-Major de la Marine et au Ministère de la Marine.

N° 689
L'Ambassadeur à Londres
au Ministère des Affaires Étrangères (1).

Télégramme 224.

Londres, le 2 août 1914 (2).

Sir Eyre Crowe vient de me dire qu'au Foreign Office est

____

(1. D'après le déchiffrement.
(2) Remis à Londres 2 août 6 h. 12 après-midi, parvenu au Ministère des

parvenue une communication télégraphique d'après laquelle les troupes allemandes, dans la région de Nancy, auraient, sur plusieurs points, franchi avec de forts détachements la frontière française sans qu'on eût reçu une déclaration de guerre à Paris. Il me donna à entendre que cette nouvelle, dans le Conseil de Cabinet qui s'était réuni le soir pour une nouvelle délibération, avait produit une mauvaise impression et ne serait peut-être pas sans influence sur la décision finale. Je répondis à Sir Eyre Crowe que nous n'avions pas reçu d'informations à ce sujet, et qu'il semblait à recommander d'en attendre confirmation par une source indépendante (3).

LICHNOWSKY.

Affaires Etrangères 11 h. 40 soir. Timbre d'enregistrement à l'entrée : 3 août matin. En marge, remarque de Jagow : « Est-ce que l'on a fait quelque chose à ce sujet? C'est-à-dire a-t-on démenti la nouvelle à Londres ? Demander *immédiatement* à l'Etat-Major général si des soldats allemands ont franchi quelque part la frontière française et télégraphier immédiatement à Londres. Jagow. » Communiqué à l'Etat-Major général, au Ministère de la Guerre, à l'Etat-Major de la Marine et au Ministère de la Marine.

(3) Voir n°s 705, 713, 716, 717, 725.

N° 690
Le Secrétaire d'État des Affaires Étrangères à l'Ambassadeur à Rome (1).

Télégramme 166.

Berlin, le 2 août 1914 (2).

De Metz, on nous informe, à la date du 2 : Hier un médecin français, avec l'aide de deux officiers déguisés, a essayé d'empoisonner les puits d'un village des environs de Metz, Montsigny (3) avec des bacilles de choléra. Il a été fusillé conformément à la loi martiale. Un négociant en farines français a empoisonné la farine. Je prie Votre Excellence de

---

(1) D'après la minute. Projet de la main de Riezler avec additions de Bergen et de Langwerth de Simmern.

(2) 2 août 11 h. 45 soir à l'Office central télégraphique.

(3) *Sic* dans la minute au lieu de « Montigny ».

vouloir bien donner la plus large publicité dans la presse à ces actes des Français commis avant toute déclaration de guerre, et même avant la mobilisation allemande (4).

JAGOW.

---

(4) Sur le télégramme, observation de Langwerth de Simmern : « Communication du lieutenant en premier du génie Schreiber qui vient d'arriver aujourd'hui de Metz. Le médecin serait un notable Messin. Il a été arrêté par un poste. v. L. » Voir là-dessus la note de Stumm du 3 août : « D'après information de l'Etat-Major général, la nouvelle de l'empoisonnement des puits et de la farine est une nouvelle fantaisiste. Il prie *instamment* de ne pas publier ou utiliser de pareilles nouvelles, mais d'attendre, avant, que l'Etat-Major général les ait examinées et approuvées ».

N° 691

L'Ambassadeur à Londres
au Ministère des Affaires Etrangères (1).

Télégramme 222.

Londres, le 2 août 1914 (2).

Pour le Ministère de la Marine et l'Etat-Major général de la Marine avec le chiffre du Ministère des Affaires Etrangères.

Il y a des barrages de poutres dans les ports de guerre. La route de Douvres est occupée par des torpilleurs. La première et la deuxième flottes seraient, d'après des informations sûres, dans le Forth (3) à Cromarty et à Scapa Flow. Une flottille patrouille sur toute la côte de l'est. Des avions sont embarqués sur des navires à destination de la station de côte de l'est. La mobilisation de la flotte n'a pas encore été proclamée mais elle est terminée dans les escadres actives et sur les côtes sud et est.

Attaché naval,
LICHNOWSKY.

---

(1) D'après une copie du déchiffrement.

(2) Remis à Londres 2 août 5 h. 10 après-midi, parvenu au Ministère des Affaires Etrangères 3 août 12 h. 5 matin. Communiqué à l'Etat-Major général, au Ministère de la Guerre, à l'Etat-Major de la Marine et au Ministère de la Marine le 3 août.

(3) Abréviation pour « Firth of Forth. »

N° 692
Le Ministre a Stockholm
au Ministère des Affaires Etrangères (1).

Télégramme 39.
Secret.   Stockholm, le 2 août 1914 (2).

D'après une communication de M. Wallenberg, on a ordonné aujourd'hui une mobilisation *partielle* de l'armée et de la flotte, et les fortifications et la défense des côtes ont été portées à l'effectif de guerre par les classes 1896 à 1903 du landsturm. Les troupes qui devaient être convoquées cet automne pour des périodes d'exercice sont déjà appelées ; la marine est complétée. Le Gotland est en état de défense. Les troupes de terre ont été portées à un effectif d'environ 90.000 hommes. M. Wallenberg déclare que son collègue norvégien a donné son assentiment à ce que la Norvège marchât, aussi longtemps que possible, d'accord avec la Suède, et que si leurs chemins venaient à se séparer, les deux pays ne portassent, en aucun cas, les armes l'un contre l'autre. De Pétersbourg, le Ministre prétend avoir reçu la nouvelle que l'ensemble de l'armée russe pouvait être évalué à environ quatre millions d'hommes, dont un million neuf cent mille seraient portés contre l'Allemagne et l'Autriche. L'armée destinée à opérer contre l'Allemagne serait concentrée à l'est de Grodno-Varsovie. Dans le Caucase des troubles auraient éclaté. « L'Andrei Perwoswanny » aurait échoué.

REICHENAU.

---

(1) D'après le déchiffrement.

(2) Remis à Stockholm 2 août 7 h. 30 soir, parvenu au Ministère des Affaires Etrangères 3 août 12 h. 5 matin. Timbre d'enregistrement à l'entrée : 3 août matin. Communiqué à l'Etat-Major général, au Ministère de la Guerre, à l'Etat-Major de la Marine et au Ministère de la Marine.

N° 693
Le Chancelier de l'Empire
à l'Ambassadeur à Londres (1).

Télégramme 212.

Berlin, le 2 août 1914 (2).

D'après des nouvelles absolument dignes de foi (3) la France s'est livrée contre nous aux actes d'agression suivants :

1° Des patrouilles de cavalerie françaises ont franchi la frontière aujourd'hui au début de l'après-midi (4). près de Montreux-Vieux en Alsace ;

2° Un officier aviateur français a été descendu à Wesel (5).

3° Deux Français ont essayé de faire sauter le tunnel de Cochemer sur la voie de la Moselle et ont été fusillés ;

4° L'infanterie française a franchi la frontière en Alsace et a tiré (6).

Ces incidents ont eu lieu, bien que le Président du Conseil des Ministres ait déclaré officiellement à l'ambassadeur impérial à Paris que la mobilisation de l'armée française n'avait pas un caractère agressif contre l'Allemagne, et que pour les troupes françaises le respect d'une zone de dix kilomètres sur la frontière allemande avait été rendu obligatoire.

Je vous prie de communiquer immédiatement ce qui précède au Gouvernement britannique et d'exposer à Sir Edward Grey dans quelle situation dangereuse se trouve l'Allemagne devant ces provocations déloyales et qu'elle se trouve forcée de

---

(1) D'après la minute de la main du Chancelier de l'Empire, avec des additions de la main deJagow.

(2) Le 3 août à 12 h. 25 matin à l'Office central télégraphique.

(3) En marge la remarque du Chancelier : « Pour mémoire. Le Ministre de la Guerre vient de m'apporter personnellement les informations qui précèdent. »

(4) Dans le déchiffrement qui se trouve aux archives de l'ambassade de Londres, au lieu de lire : « aujourd'hui au début de l'après-midi, » on a lu : « ce matin. »

(5) A Londres, on a déchiffré par erreur « Toul. »

(6) Ce passage « l'infanterie française... a tiré » ajouté en marge de la main de Jagow.

prendre les résolutions les plus graves. J'espère que Votre Excellence réussira à convaincre l'Angleterre que l'Allemagne, après avoir poussé la pensée pacifique jusqu'à ses dernières limites, se trouve réduite, par son adversaire, au rôle d'une puissance provoquée, qui, pour défendre son existence, est obligée de recourir aux armes.

BETHMANN HOLLWEG.

N° 694

**Le Chancelier de l'Empire
à l'Ambassadeur à Rome (1).**

Télégramme 165.

Berlin, le 2 août 1914 (2).

D'après des informations absolument dignes de confiance... (3). Communiquez et usez de toute votre influence pour convaincre le Ministre d'Italie que ces provocations déloyales donnant à la guerre qui nous est imposée le caractère d'une guerre d'agression qui soulève le *casus foederis* (4-5).

v. BETHMANN HOLLWEG.

---

(1) D'après la minute de la main du Chancelier de l'Empire.

(2) Le 3 août 12 h. 25 matin à l'Office central télégraphique.

(3) Ici l'extrait du télégramme du Chancelier à Lichnowsky du 2 août (n° 693) est textuellement inséré.

(4) Sur ce télégramme et sur le télégramme précédent à Lichnowsky (n° 693) le Chancelier a consigné la note suivante : « Si l'on n'y voit pas d'objection, je vous prie de faire partir immédiatement les télégrammes annexés et de donner des instructions portant que toutes autres provocations seront immédiatement communiquées aux deux ambassades comme suite à ces télégrammes. Le Ministre de la Guerre présume que de telles provocations auront lieu cette nuit sur une plus large échelle. » Sur ce Jagow a mis en marge : « Ces télégrammes doivent partir immédiatement. »

(5) Voir n° 745.

N° 695
Le Ministre à Bruxelles
au Ministère des Affaires Etrangères (1).

Télégramme 26.

Urgent   Bruxelles, le 2 août 1914 (2).

Je me suis acquitté de ma mission (3) conformément aux instructions qui m'avaient été données, à huit heures, heure allemande, et j'ai donné communication strictement confidentielle au Gouvernement belge de la dépêche n° 87 (4). Le Ministre des Affaires Etrangères n'a pu cacher sa pénible surprise de cette communication inattendue. Le Ministre des Affaires Etrangères répondit qu'il la porterait immédiatement à la connaissance de Sa Majesté le Roi et du Cabinet et qu'il me ferait parvenir une réponse dans les 12 heures.

BELOW.

(1) D'après le déchiffrement.

(2) Remis à Bruxelles le 2 août 9 h. 48 soir, parvenu au Ministère des Affaires Etrangères le 3 août 12 h. 25 matin. Timbre d'enregistrement à l'entrée : 3 août matin. Déchiffrement envoyé le 3 août à l'Empereur, retourné par lui au Ministère, par l'entremise de l'Etat-Major général le 3 août.

(3) Voir n° 648.

(4) Voir n° 376.

N° 696
Le Chancelier de l'Empire
à l'Ambassadeur à Londres (1).

Télégramme 213.   Berlin, le 2 août 1914 (2-3).

La Russie a mobilisé toutes ses forces pendant que les négociations de médiation étaient en cours, sans nous faire de communication officielle, et sans ajouter que ces mesures n'étaient pas dirigées contre nous, bien que nous ayons amicalement mais sérieusement attiré son attention sur le fait qu'une mobilisation contre nous provoquerait des contre-

(1) D'après la minute de la main du Chancelier de l'Empire.

(2) Le 3 août 12 h. 55 matin à l'Office central télégraphique.

(3) Voir n° 676.

mesures sérieuses, et bien que la Russie ait déclaré à diverses reprises et de la façon la plus solennelle qu'elle n'avait contre nous aucune intention hostile. Ce n'est que l'après-midi du premier jour de la mobilisation russe que le Tsar a télégraphié (4) à Sa Majesté qu'il répondait personnellement qu'on s'abstiendrait de toute acte d'hostilité contre nous. La contradiction entre les déclarations non douteuses du Tsar et les actes de son Gouvernement s'est manifestée si nettement pendant tout le cours de la crise, et l'attitude du Gouvernement, en dépit des assurances contraires qui ont été données, a été en fait si inamicale, que nous avons dû, en dépit de l'assurance du Tsar, nous sentir gravement provoqués par la mobilisation générale. D'après l'information de Chelius, ce fait est parfaitement reconnu dans l'entourage germanophile du Tsar. L'indignation provoquée dans notre opinion publique par la mobilisation russe est si grande que le refus de la démobilisation exigée devait être considéré comme un acte d'hostilité et déterminant l'état de guerre si nous ne voulions pas abdiquer tout honneur national. D'ailleurs, le fait que les soldats russes, avant la remise de notre dernière déclaration ont tiré à la frontière sur nos soldats est la preuve que la soi-disant mobilisation pacifique crée une situation intenable.

BETHMANN HOLLWEG.

____

(4) Voir n° 487.

N° 697
Le Chancelier de l'Empire
au Ministre à Sofia (1).

Télégramme 45.

Secret.   Berlin, le 2 août 1914 (2).

J'accepte les propositions (3). Il me semble opportun que la Bulgarie conclue des traités séparés, d'abord avec nous ainsi qu'avec l'Autriche-Hongrie et que les autres parti-

____

(1) D'après la minute, projet de la main de Bergen, avec modifications de la main de Zimmermann et de Jagow.

(2) Le 3 août 1 h. 35 matin à l'Office central télégraphique.

(3) Voir n° 673. Sur la minute, la décision marginale de Zimmermann :

cipants accèdent éventuellement plus tard par un traité d'accession. Par conséquent, dans les premier et deuxième article au lieu de « la Triple Alliance » on devrait mettre « l'Allemagne ou l'Autriche-Hongrie » et à la fin du second article » qui ne fait pas partie de ses alliés ».

Comme avec la Turquie — ce qu'il y a lieu de communiquer avec prière de tenir cette information absolument secrète — des négociations d'alliance sont en cours, on devrait établir dans une note spéciale que les aspirations mentionnées dans l'article 2 ne devraient pas être dirigées contre la Turquie au cas où celle-ci conclueait avec nous une alliance, ou bien aussi longtemps qu'elle observera dans le conflit actuel une neutralité bienveillante.

La durée de l'alliance, analogue à celle de la Triple-Alliance, devrait être tout d'abord de 6 ans (4).

Je vous prie de ne déclarer ce qui précède au Gouvernement bulgare qu'après réception d'instructions à cet effet. Accusez-moi réception par télégramme (5).

BETHMANN HOLLWEG.

« Immédiatement après le départ, soumettre à nouveau à M. le Chancelier de l'Empire pour qu'il fasse un rapport à l'Empereur ». Soumis de nouveau par le Bureau central le 3 août.

(4) « analogue... 6 ans » a été ajouté par Zimmermann au texte original de Bergen : durée de l'alliance « jusqu'en 1920 ».

(5) Accusé de réception télégraphique remis à Sofia le 3 août, parvenu au Ministère des Affaires Etrangères le 4 août 3 h. 46 matin. Timbre d'enregistrement à l'entrée : 4 août matin.

N° 698

Le Chancelier de l'Empire
à l'Ambassadeur à Vienne (1).

Télégramme 227.

Berlin, le 2 août 1914 (2).

Le ministre impérial à Sofia télégraphie :

« Le Président du Conseil des Ministres... s'entendre avec Rome » (3).

---

(1) D'après la minute. Projet de la main de Bergen avec modifications e la main de Jagow.

(2) Le 3 août 1 h. 15 matin à l'Office central télégraphique.

(3) Ici a été inséré le télégramme de Sofia du 2 août (n° 673).

M. Michaelles a reçu les instructions qui suivent mais dont l'exécution doit dépendre d'instructions ultérieures :

« J'accepte les propositions... tout d'abord de six ans » (4).

Je vous prie de communiquer ce qui précède au comte Berchtold et d'insister sur le prompt envoi d'instructions au ministre d'Autriche-Hongrie à Sofia au sujet de la conclusion d'un traité (5). L'Italie, la Roumanie et éventuellement la Turquie pourraient accéder à nos traités par des traités d'accession analogues à celui conclu avec la Roumanie. Le Gouvernement italien n'a pas été informé.

Bethmann Hollweg.

----

(4) Ici a été inséré le passage en question de la dépêche à Sofia (n° 697).
(5) Voir n° 798.

N° 699

**Le Ministre à Bucarest
au Ministère des Affaires Etrangères** (1).

Télégramme 59.

Sinaia, le 2 août 1914 (2).

M. Bratiano désirerait gagner du temps, parce que le moment actuel, vu l'opinion anti-autrichienne, serait le plus défavorable et que l'Autriche n'aurait pas prévenu d'avance la Roumanie, de sorte *qu'on n'aurait pas eu le temps de provoquer un courant d'opinion opposé.* Il a *émis* l'idée que la Roumanie pourrait déclarer tout d'abord qu'elle n'attaquerait pas la Bulgarie si cette dernière attaquait la Serbie. Par

Blague !

(3) ..... Bucarest

----

(1) D'après le déchiffrement.
(2) Remis à Sinaia 2 août 11 h. 58 matin, parvenu au Ministère des Affaires Etrangères 3 août 1 h. 22 matin. Timbre d'enregistrement à l'entrée : 3 août matin. Communiqué le 3 août 7 h. 10 matin à l'Etat-Major général, au Ministère de la Guerre, à l'Etat-Major de la Marine et au Ministère de la Marine. Il a été soumis à l'Empereur et rendu au Ministère le 3 août.
(3) Avant « Bucarest », un mot illisible.

suite, autant de corps d'armée autrichiens que ceux de l'armée roumaine seraient rendus libres d'être employés contre la Russie. En attendant, on pourrait influer sur l'opinion publique d'ici. D'après M. Bratiano, il y aurait de forts mouvements de troupes en Bessarabie. Ce qu'il préférerait, c'est que la Russie attaquât la Roumanie, car alors l'opinion publique pourrait se modifier. Lundi, Conseil de la Couronne (4).

S. M. doit mobiliser ! contre la Russie

elle s'en gardera bien !

WALDTHAUSEN.

____

(4) Voir n° 811.

N° 700
L'Ambassadeur à Vienne
au Ministère des Affaires Etrangères (1).

Télégramme 159.

Vienne, le 3 août 1914 (2).

Le Roi d'Italie a répondu au télégramme(3) de S. M. l'Empereur François-Joseph ce qui suit :

« J'ai reçu le télégramme de Votre Majesté. Je n'ai pas besoin d'assurer Votre Majesté que l'Italie qui a fait tous *les efforts possibles pour assurer le maintien de la paix et qui* fera tout ce qu'elle pourra pour contribuer à la rétablir aussitôt que possible, gardera une attitude cordialement amicale envers ses alliés, con—

Rien !

____

(1) D'après le déchiffrement.

(2) Remis à Vienne 12 h. 3o matin, parvenu au Ministère des Affaires Etrangères 2 h. 17 matin. Timbre d'enregistrement à l'entrée : 3 août matin. Le déchiffrement a été envoyé le 3 août à l'Empereur, rendu par lui à l'Etat-Major général et retourné par ce dernier le 4 août au Ministère. Communiqué le 3 août à l'Etat-Major général, au Ministère de la Guerre, à l'Etat-Major de la Marine et au Ministère de la Marine.

(3) Voir n° 6o1 phrase finale.

Gredin !!
en dépit d'un pacte
ecrit !

formément au traité de la Triple Alliance, à ses sentiments sincères et aux grands intérêts qu'elle doit sauvegarder » (4).

A ce que j'apprends, on retirera quand même de la frontière italienne toutes les forces autrichiennes.

TSCHIRSCHKY.

---

(4) Reproduction littérale de l'original en français (Note du Traducteur).

N° 701
Le Sous-Secrétaire d'Etat des Affaires Etrangères au Ministre à Berne (1).

Télégramme 29.
Urgent.   Berlin, le 2 août 1914 (2).

Je vous prie d'excuser l'incident, en ajoutant qu'on prend immédiatement des mesures pour éviter le renouvellement de pareilles erreurs (3).

ZIMMERMANN.

---

(1) D'après la minute. Projet de la main de B. Wedel.
(2) A l'Office central télégraphique le 3 août 2 h. 35 matin. Paraphé par B. Wedel et Stumm le 2 août.
(3) Voir n° 681.

N° 702
Le Roi de Grèce à l'Empereur (1).

Athènes, le 2 août 1914 (2-3).

Communiquer à Athènes
que j'ai conclu une allian-
ce avec la Bulgarie et la
Turquie pour combattre
contre la Russie et que je
considererai la Grèce
comme un ennemi au cas
où elle n'y adhérerait pas

Sa Majesté le Roi me transmet le télégramme suivant, destiné à Sa Majesté l'Empereur et Roi, en me priant de le faire parvenir à sa haute destination.

« Je Te remercie cordialement de Ton

---

(1) D'après le déchiffrement.
(2) Remis à Athènes le 2 août 2 h. 3 après midi, parvenu au Ministère des Affaires Etrangères 3 août 3 heures matin. Timbre d'enregistrement à l'entrée : 3 août. Communiqué le 3 août à l'Etat-Major général, au Ministère de la Guerre, à l'Etat-Major de la Marine et au Ministère de la Marine. Le déchiffrement a été soumis à l'Empereur et rendu par lui le 3 août.
(3) Voir n° 504.

immédiatement. Je l'ai dit personnellement à Theotokis en lui faisant part de notre alliance avec la Turquie et la Bulgarie.

vous devez marcher contre la Russie !

impossible

il n'en est plus question maintenant ! Les Balkans sont en marche

Blague !

Si la Grèce ne marche pas immédiatement avec nous, elle perdra sa situation de puissance balkanique et elle ne sera plus appuyée par nous dans ses aspirations, mais traitée en ennemie. Il ne s'agit pas de l'équilibre dans les Balkans, mais d'une opération commune des Etats balkaniques pour délivrer à jamais les Balkans de la Russie !

G.

télégramme (4) et de Ta promesse de nous appuyer dans notre entente avec la Turquie. Nous n'avons jamais eu l'intention d'aider les Serbes. *Mais il ne me paraît pas possible de nous associer à leurs ennemis et de tomber sur eux*, puisqu'ils sont nos alliés. Il me paraît que les intérêts de la Grèce exigent une *neutralité absolue* et la conservation du *statu quo* dans les Balkans comme l'a créé le traité de Bucarest. Si nous abandonnions ce point de vue, la Bulgarie s'accroîtrait par l'annexion de la partie de la Macédoine dernièrement conquise par la Serbie. Elle entourerait toute notre frontière du nord jusqu'à l'Albanie et créerait pour nous un énorme danger (5). Je n'ai aucune garantie que cela ne se réalisera pas. Ces considérations nous obligent à la neutralité et à faire tout notre possible, *d'accord avec la Roumanie, pour empêcher la Bulgarie d'intervenir*. Tu connais ma façon de penser sur les Slaves, et sur la tutelle russe dans les Balkans. Cette opinion est partagée par tout mon peuple, et si la Bulgarie parvenait à ce grand accroissement de puissance, l'équilibre serait détruit dans notre région, et la prépondérance slave serait précisément créée.

Constantin » (6).

Bassewitz.

(4) Voir nº 466.
(5) En marge : deux points d'exclamation de l'Empereur.
(6) Voir nº 8o3.

N° 703

Dépêche circulaire du Secrétaire d'État des Affaires Etrangères aux Ministres à Berne, Copenhague, Stockholm et Christiania (1).

Télégrammes 28, 36, 32, 16.
Urgent.   Berlin, le 3 août 1914 (2).

Le Gouvernement impérial possède des informations dignes de foi d'après lesquelles, en dépit des promesses de Paris au sujet du respect de la neutralité belge, des forces françaises se préparent à marcher vers la ligne de la Meuse, Givet, Namur et à traverser la Belgique pour attaquer l'Allemagne. Nous craignons que la Belgique, en dépit de sa bonne volonté, ne puisse, sans assistance, arrêter l'invasion française, et nous sommes (3), par conséquent, forcés, par l'intérêt de notre conservation, de pénétrer également sur le territoire belge dans un but de légitime défense. L'Allemagne n'a aucune intention hostile contre la Belgique et évacuera le territoire belge immédiatement après la conclusion de la paix. Le Gouvernement belge a été informé hier soir de ce qui précède.

Je vous prie d'en informer confidentiellement le Gouvernement auprès duquel vous êtes accrédité (4).

JAGOW.

---

(1) D'après la minute. Projet de la main de Rosenberg. La dépêche circulaire a été rédigée en vertu de la décision du Chancelier de l'Empire du 2 août, présentée le 2 août au Ministère des Affaires Etrangères et ainsi conçue : « A mon avis il faut préparer immédiatement une dépêche circulaire établissant le caractère indispensable de notre action en Belgique, l'envoyer et la publier aussitôt que nous aurons exécuté notre action contre Liège. »

(2) Projet paraphé le 2 août par Rosenberg et Stumm, le 3 août par Zimmermann et Jagow. Le 3 août 3 h. 10 matin à l'Office central télégraphique. On n'a pas donné suite à l'intention primitive d'adresser à l'ambassadeur à Londres ce télégramme avec l'addition spéciale : « et d'ajouter expressément que nous n'annexerons dans aucun cas des portions du territoire belge, et en particulier Anvers et l'embouchure de l'Escaut. »

(3) En face du mot « sommes » on a écrit « étions. »

(4) Pour Berne on a ajouté à la fin « et renouveler la promesse d'observer scrupuleusement la neutralité suisse ». Là-dessus, l'observation marginale de Rosenberg du 2 août : « Le chef de l'Etat-Major général est d'accord avec nous. »

N° 704
L'Ambassadeur à Vienne
au Ministère des Affaires Etrangères (1).

Télégramme 158.

Vienne, le 3 août 1914 (2).

Le comte Berchtold m'écrit :

« L'ambassadeur de Russie m'a rendu visite hier d'une façon amicale pour s'informer, à ce qu'il m'a dit, des nouvelles que je pourrais connaître. Il espérait toujours qu'on réussirait à résoudre le différend existant par des négociations directes. En raison de la situation actuelle, il serait préférable de se rendre à cet effet sur un terrain neutre, et Londres y serait particulièrement propre. Il était toutefois regrettable qu'on semblât en Allemagne vouloir imposer la guerre. La Russie avait donné à Berlin les assurances les plus formelles que ses mesures militaires n'offraient pas de caractère hostile à la Monarchie ou à l'Allemagne. Evidemment on devait, à Pétersbourg, après comme avant, insister sur le fait que nous ne devions pas résoudre le conflit avec la Serbie sans consulter la Russie dont les intérêts étaient en jeu dans cette question. Je n'entrai pas dans l'exposé des vues de M. Schebeko, mais je commençai une conversation amicale non officielle, au cours de laquelle j'attirai l'attention de l'ambassadeur de Russie sur les multiples folies de la politique balkanique russe. Il y aurait une base beaucoup plus large d'entente entre nous et la Russie, si l'on pouvait se décider *une fois pour toutes* à Pétersbourg à ne pas faire toujours exclusivement du sort des Etats balkaniques le pivot de l'attitude observée à notre égard. M. Schebeko me répondit également très amicalement, et développa d'une manière académique les multiples obligations de la Russie, comme Etat slave et orthodoxe. Il rappela certaines dispositions sen-

---

(1) D'après le déchiffrement.
(2) Remis à Vienne 12 h. 30 matin, parvenu au Ministère des Affaires Etrangères 3 h. 32 matin. Timbre d'enregistrement à l'entrée : 3 août matin. Communiqué le 3 août à l'Etat-Major général, au Ministère de la Guerre, à l'Etat-Major de la Marine et au Ministère de la Marine.

timentales du peuple russe, et me quitta en me faisant observer qu'il ne s'agissait entre nous et la Russie que d'un grand malentendu. Immédiatement après, je reçus la visite de Dumaine qui fit entendre une note aussi pacifique que son collègue russe. Il déplora vivement l'attitude belliqueuse de l'Empereur Guillaume, et manifesta sa conviction qu'on devrait trouver une formule tenant compte de nos justes prétentions, donnant satisfaction à l'intérêt témoigné par la Russie à la Serbie et ouvrant le chemin de la paix. »

Aujourd'hui l'ambassadeur de Russie (3) Kudachew a été voir un jeune fonctionnaire du Ballhausplatz, le comte Fery Kinsky, et lui a demandé si l'Autriche était obligée à assister l'Allemagne contre la Russie. Au Ballhausplatz on croit que le tout est une manœuvre infâme, parce que l'Autriche ne peut pas mobiliser rapidement, et que la Russie espère que l'Autriche ne pourra pas l'attaquer prématurément. Le comte Kinsky a demandé à Kudachew si la mobilisation russe n'aurait pas été par hasard dirigée contre la Mongolie.

Il est indubitable, ainsi que nous le confirme le comte Kageneck que, du côté russe, par cette question, en apparence naïve, et l'ostentation avec laquelle on s'abstient de provoquer la Monarchie même sur le terrain militaire (la Russie a retiré ses troupes à deux kilomètres de sa frontière) on vise à provoquer une scission entre nous et l'Autriche. Le jeu est ici clairement aperçu.

Tschirschky.

---

(3) Dans les archives de l'ambassade de Vienne, il y a exactement « conseiller d'ambassade ».

Nº 705
L'Ambassadeur à Paris
au Ministère des Affaires Etrangères (1).

Télégramme 244.

Paris, le 2 août 1914 (2).

Le Gouvernement français proteste au-

---

(1) D'après le déchiffrement.
(2) Remis à Paris le 2 août 11 h. 15 soir, parvenu au Ministère des

près de moi contre une *très sérieuse* violation de territoire par nos troupes près de Delle jusqu'à la zone française de 10 kilomètres ainsi que contre des actes de guerre ayant provoqué la mort d'un soldat français (3).

L'opinion ici est très surexcitée par cette information ainsi que par d'autres.

SCHOEN.

Affaires Etrangères 3 août 3 h. 55 matin. Timbre d'enregistrement à l'entrée : 3 août matin. Communiqué le 3 août à l'Etat-Major général, au Ministère de la Guerre, à l'Etat-Major de la Marine et au Ministère de la Marine. Déchiffrement envoyé le 3 août à l'Empereur, rendu par lui par l'entremise de l'Etat-Major général au Ministère le 4 août.

(3) Voir nos 689, 713, 716, 717, 725 et 869.

N° 706

L'Ambassadeur à Londres
au Ministère des Affaires Etrangères (1).

Télégramme 226.

Londres, le 2 août 1914 (2).

Pour le Ministère de la Marine et l'Etat-Major de la Marine, avec le chiffre du Ministère des Affaires Etrangères.

Ce soir la mobilisation de la flotte anglaise a été ordonnée. Toutes les classes de la réserve au–dessous de l'âge de 55 ans ont été appelées et doivent se rendre immédiatement à leurs navires et stations de terre.

Attaché naval,
LICHNOWSKY.

(1) D'après le déchiffrement.
(2) Remis à Londres 2 août 11 h. 20 soir, parvenu au Ministère des Affaires Etrangères 3 août 4 h. 5 matin. Timbre d'enregistrement à l'entrée : 3 août matin. Communiqué le 3 août à l'Etat-Major général, au Ministère de la Guerre, à l'Etat-Major de la Marine et au Ministère de la Marine.

N° 707

L'Ambassadeur à Londres
au Ministère des Affaires Etrangères (1).

Télégramme 227.

Londres, le 2 août 1914 (2).

Après la fin de la séance du Cabinet, l'Amirauté a ordonné la mobilisation des réserves de la flotte anglaise. Cette mesure ne doit pas être considérée comme une décision définitive du Gouvernement anglais d'intervenir immédiatement dans la guerre. Je crois à une attitude provisoirement expectante.

LICHNOWSKY.

(1) D'après le déchiffrement.
(2) Remis à Londres le 2 août 11 h. 20 soir, parvenu au Ministère des Affaires Etrangères 3 août 4 h. 5 matin. Timbre d'enregistrement à l'entrée : 3 août matin. Communiqué le 3 août à l'Etat-Major général, au Ministère de la Guerre, à l'Etat-Major de la Marine et au Ministère de la Marine.

N° 708

L'Ambassadeur à Londres
au Ministère des Affaires Etrangères (1).

Télégramme 228.

Londres, le 3 août 1914 (2).

Pour l'Etat-Major général, le Ministère de la Marine et l'Etat-Major de la Marine avec le chiffre du Ministère des Affaires Etrangères.

L'attaché militaire autrichien vient de nous faire part qu'il savait..... (3) d'une source digne de foi que le Conseil de

(1) D'après le déchiffrement.
(2) Remis à Londres 12 h. 25 matin, parvenu au Ministère des Affaires Etrangères 4 h. 5 matin. Timbre d'enregistrement à l'entrée : 3 août matin. Le déchiffrement a été soumis à l'Empereur qui a consigné : 4 h. 15 après-midi. Revenu par l'entremise de l'Etat-Major général au Ministère le 4 août. Communiqué le 3 août à l'Etat-Major général, au Ministère de la Guerre, à l'Etat-Major de la Marine et au Ministère de la Marine.
(3) Un groupe de chiffres manque.

Cabinet anglais d'aujourd'hui avait décidé la déclaration de guerre à l'Allemagne. Jusqu'ici on ne sait rien de la mobilisation d'un corps expéditionnaire.

L'attaché militaire et l'attaché naval,

LICHNOWSKY.

N° 709
Le Ministre à Bruxelles
au Ministère des Affaires Etrangères (1).

Télégramme 44.

Bruxelles, le 3 août 1914 (2).

J'ai exécuté les deux instructions (3) mais je ne crois pas que cela puisse encore exercer d'influence sur la réponse belge qui, d'après mon impression, doit être négative.

BELOW.

---

(1) D'après le déchiffrement.

(2) Remis à Bruxelles 3 h. 5 matin, parvenu au Ministère des Affaires Etrangères 4 h. 3o matin. Timbre d'enregistrement à l'entrée : 3 août matin. Communiqué le 3 août à l'Etat-Major général et à l'Etat-Major de la Marine par téléphone.

(3) Voir nᵒˢ 677 et 682.

N° 710
Le Secrétaire d'Etat des Affaires Etrangères
à l'Ambassadeur à Londres (1).

Télégramme 214.

Berlin, le 3 août 1914 (2-3).

Un assez grand nombre d'officiers français déguisés en officiers prussiens ont cherché à franchir notre frontière en automobiles par la Hollande.

---

(1) D'après la minute. Projet de la main de Zimmermann.

(2) 6 h. 45 matin à l'Office central télégraphique. Jagow a envoyé en même temps le même télégramme en supprimant la phrase « un médecin français... à la loi martiale » à l'ambassadeur à Rome. Voir n° 694.

(3) Voir n° 693.

Un médecin français avec deux autres Français a cherché à infecter les puits de Metz avec les bacilles du choléra. Le médecin a été fusillé conformément à la loi martiale.

JAGOW.

N° 711

**Le Secrétaire d'Etat des Affaires Etrangères
a l'Ambassadeur à Constantinople (1).**

Télégramme 303.

Confidentiel (4). Berlin, le 3 août 1914 (2-3).

Avec la Bulgarie des négociations d'alliance offrant des perspectives de succès sont en cours (5).

JAGOW.

---

(1) D'après la minute. Projet de la main de Bergen, paraphé par Zimmermann le 2 août (le paraphe de Bergen manque).
(2) Le 3 août 6 h. 45 matin à l'Office central télégraphique.
(3) Voir n° 586.
(4) « Confidentiel » a été ajouté de la main de Jagow.
(5) Voir n°s 697 et 854.

N° 712

**Le Secrétaire d'Etat des Affaires Étrangères
à l'Ambassadeur à Constantinople (1).**

Télégramme 304.

Berlin, le 3 août 1914 (2-3).

Le croiseur *Goben* n'est pas disponible en ce moment (4).

JAGOW.

---

(1) D'après la minute. Projet de la main de B. Wedel.
(2) A l'Office central télégraphique le 3 août 6 h. 45 matin. Communiqué le 3 août 7 h. 45 matin à l'Etat Major général, au Ministère de la Guerre, à l'Etat Major de la Marine et au Ministère de la Marine.
(3) Voir n° 652.
(4) Voir n°s 683 et 775.

N° 713

Le Secrétaire d'Etat des Affaires Etrangères aux Ambassadeurs à Londres et à Rome (1).

Télégrammes 215, 168.

Urgent.   Berlin, le 3 août 1914 (2).

Toutes les informations françaises relatives à des violations de la frontière française par les troupes allemandes, sont inventées de toutes pièces.

JAGOW.

---

(1) D'après la minute de la main de Jagow.
(2) 9 h. 15 matin à l'Office central télégraphique.
(3) Voir nos 689, 705, 716, 717, 725.

N° 714

Le Secrétaire d'Etat des Affaires Etrangères à l'Ambassadeur à Londres (1).

Télégramme 216.

Berlin, le 3 août 1914 (2).

Nous pouvons déclarer nettement que nous nous abstiendrons de menacer les côtes du nord de la France aussi longtemps que l'Angleterre restera neutre (3).

JAGOW.

---

(1) D'après la minute de la main de Jagow.
(2) 9 h. 30 matin à l'Office central télégraphique.
(3) Voir n° 669 et 676 chiffre 2 ; cf. également n° 715.

N° 715

Le Secrétaire d'Etat de la Marine à l'Empereur (1).

Information.   Berlin, le 3 août 1914 (2).

Je recommande avec insistance que le Chancelier de l'Empire télégraphie à Lichnowsky :

---

(1) D'après l'expédition.
(2) Timbre d'enregistrement à l'entrée du Ministère des Affaires Etrangères, 4 août après-midi. Envoyé par l'Empereur le 3 août au Chancelier de

« Nous n'avons aucune intention d'entreprendre une action contre les côtes du nord de la France, aussi longtemps que l'Angleterre restera neutre. »

Les câbles allemands-anglais fonctionnent.

Même au cas où plus tard l'Angleterre devrait nous déclarer la guerre, des délais sont utiles pour la mobilisation de la marine et la mobilisation économique (3).

Votre fidèle sujet,
v. Tirpitz.

---

l'Empire. Ce dernier a mis en marge : « On y a déjà donné suite. v. B.-H. 3 ». La copie du rapport à l'Empereur a été transmise par Tirpitz au Chancelier le 3 août. (Timbre d'enregistrement à l'entrée du Ministère des Affaires Etrangères : 4 août), avec l'addition suivante : « J'ai l'honneur d'informer Votre Excellence que j'ai envoyé l'information qui précède à la demande de Sa Majesté l'Empereur et Roi. » v. Tirpitz.

(3) Cf. n° 714.

N° 716

Le Secrétaire d'Etat des Affaires Etrangères à l'Ambassadeur à Paris (1).

Télégramme 192.

Berlin, le 3 août 1914 (2).

D'après des déclarations positives des autorités militaires, les troupes allemandes n'ont jusqu'ici franchi nulle part la frontière française. Par contre, vu les violations continuelles de la frontière par les troupes françaises, la rupture des relations diplomatiques est imminente (3-4).

Jagow.

---

(1) D'après la minute. Projet de la main de Stumm.

(2) A l'Office central télégraphique le 3 août 10 heures matin.

(3) Voir n°s 689, 705, 713, 717, 725 ; voir en outre le n° 722 qui est peut-être *antérieur* au n° 716.

(4) « Ce télégramme est arrivé à Paris absolument mutilé, et n'a pas pu être déchiffré. » V. n° 776, 809 et les notes de l'ambassadeur de Schœn, du 7 août 1914.

N° 717

Projet d'un télégramme non envoyé du Chancelier de l'Empire aux Ambassadeurs à Londres et à Rome (1).

[Berlin, le 3 août 1914].

Jusqu'à cette heure, aucun soldat allemand n'a franchi la frontière ; par contre depuis cette nuit trois compagnies françaises se trouvent sur le territoire alsacien. En outre des aviateurs français en grand nombre ont survolé le territoire allemand, en violant la neutralité des territoires belge et hollandais (2).

BETHMANN HOLLWEG.

(1) D'après la minute de la main du Chancelier de l'Empire. Une note marginale du 3 août porte que ces télégrammes ne sont pas partis sur l'ordre de Stumm. Voir les raisons n° 725.

(2) Voir nᵒˢ 689 et les numéros qui y sont mentionnés.

N° 718

La Section des Informations de l'Etat-Major de la Marine au Ministère des Affaires Etrangères (1).

Télégramme (sans numéro).

Bruxelles, le 2 août 1914 (2).

La mobilisation belge se poursuit avec une rapidité surprenante. On a la preuve d'une excellente préparation. L'effectif de guerre de 200.000 hommes sera largement atteint. La déclaration des ministres d'Allemagne et de France, publiée par le Gouvernement, d'après laquelle les deux puissances respecteraient la neutralité de la Belgique, a exercé une

(1) D'après la copie d'un télégramme qui a été envoyé d'urgence au *Journal du Soir de Berlin*. Parti de Bruxelles le 2 août 7 heures soir. La copie a été envoyée sans lettre d'envoi.

(2) Timbre d'enregistrement à l'entrée du Ministère des Affaires Etrangères: 3 août. Le 4 août 6 h 45 après midi, communiqué téléphoniquement à l'Etat-Major général. Communiqué en copie le 5 août à l'Etat-Major général et au Ministère de la Guerre.

action rassurante sur la population en proie à de vives inquiétudes. Arrêt dans les affaires, panique financière prolongée ;
les caisses du Gouvernement émettent des billets de cinq francs
nouvellement imprimés, et n'existant pas jusqu'ici, pour remplacer la monnaie d'argent qui se cache. Dans les ventes au
détail, le manque de denrées alimentaires se fait déjà sentir,
car les magasins, vu la rapide hausse des prix, conservent
leurs approvisionnements. La nouvelle de l'invasion du
Luxembourg par les troupes allemandes a produit un effet de
consternation. L'attitude de la presse cléricale et gouvernementale est strictement neutre, ainsi que celle des grands
organes libéraux respectables. En raison d'une campagne provocatrice et haineuse en faveur de la France, le *Petit Bleu*,
organe de l'agent des jeux Marquet, a eté saisi, la *Chronique* également adopte une attitude hostile à l'Allemagne.
On attend dans un état de tension fiévreuse, la réponse décisive de l'Angleterre au sujet de la protection du port d'Anvers et de l'Escaut (3). Le Gouvernement s'abstient provisoirement d'émigrer à Anvers. Il s'est abstenu, en conséquence,
d'y transférer les Archives. Toutefois la Banque Nationale y a
envoyé des réserves d'or. Hier et aujourd'hui des centaines
de réservistes allemands sont partis pour l'Allemagne, plusieurs avec leurs femmes et leurs enfants. De nombreux compatriotes restant en arrière les ont accompagnés à la gare du
Nord avec enthousiasme. Malheureusement deux ouvriers allemands ivres ont insulté un officier belge qui les a fait
arrêter. De Stavelot on annonce qu'après la coupure de la
voie ferrée à Stavelot-Malmedy, des sapeurs ont posé des
mines dans le tunnel occupé militairement, et ont bloqué les
chaussées par des arbres abattus et des fils de fer barbelés.
Presque toutes les houillères de Belgique ont dû diminuer leur production, et l'arrêter en partie, vu le manque
d'ouvriers et de chevaux. L'escadrille d'aviation française a
été ramenée de Douai à Reims comme centre, et pourvue de
moteurs de guerre. Des avions et des ballons dirigeables ont

---

(3) Dans la copie, entre les mots « du port » et « Anvers » se trouve le
mot « vers ».

été vus à diverses reprises le long des frontières. Des bateaux d'Ostende annoncent une rencontre avec des croiseurs anglais dans la Manche.

Duntz.

N° 719

Copie d'un télégramme non envoyé du Chancelier de l'Empire aux Ambassadeurs à Rome et à Londres (1).

Berlin le 3 août 1914 (2).

Les nouvelles répandues par la France, d'après lesquelles nous aurions commis des violations de frontière, et nous aurions même envahi le territoire français, sont absolument fausses. Jusqu'à ce matin, aucun soldat allemand n'a paru sur le territoire français. Par contre on nous a fait part de nombreuses violations de frontière commises par les Français, et depuis cette nuit plusieurs compagnies françaises occupent des villages allemands en Alsace.

v. Bethmann Hollweg.

---

(1) Minute de la main du Chancelier de l'Empire.

(2) En marge, note de la main de Stumm du 3 août : « Sur l'ordre de Son Excellence (le Secrétaire d'Etat) Cessat. »

N° 720

L'Ambassadeur d'Angleterre au Secrétaire d'Etat des Affaires Etrangères (1).

Berlin, le 2 août 1914 (2).

My dear Secretary of State,

I did not fail to ask my Government at once what was the meaning of the stoppage of all telegraphic communication

---

(1) D'après l'expédition.

(2) Timbre d'enregistrement à l'entrée du Ministère des Affaires Etrangères : 3 août matin L'expédition a été remise à l'Empereur qui a consigné dessus : « 4.-viii. 14 8 matin. » Revenu le 4 août au Ministère.

by cable and otherwise on the English side (3). I have just received the following answer from Sir Edward Grey :

« I am informed that delay has been due to extraordinary congestion. Even our own Government messages have been considerably delayed. I understand lines are now working satisfactorily ».

I was as surprised as you must have been to hear the news that telegraphic communication had been stopped as I have heard nothing from England that could possibly warrant the belief that the stoppage was due to any Government measure. In fact during the last few days I have received nothing but « formulas » framed for the preservation of peace (which I read cursorily to Zimmermann this morning (4) and for the continuation of *discussions*, between Russia and *Austria*. Alas ! the day seems to have gone by for these excellent *formulas* !

Yours very sincerely,
W. E. GOSCHEN.

These formulas are meant, to throw dust in the other peoples faces, ut aliquid fieri videatur ! If Grey wanted really to preserve peace he need only as Prince Henry suggested on 29 th July intimate to the two allies France and Russia — not tom obilize but to wait, till the pourparlers which 1 was directing had succeeded or otherwise, between Vienna and Russia.
W.

Traduction.

Mon cher Secrétaire d'Etat,

Je n'ai pas manqué de demander à mon Gouvernement quelle était la signification de l'arrêt de toute communication télégraphique par câble ou autre du côté anglais. Je viens de recevoir la réponse suivante de Sir Edward Grey :

« Je suis informé que ce retard a été dû à un encombrement extraordinaire ; même les messages de notre Gouvernement ont été considérablement retardés. D'après ce que j'apprends, les lignes fonctionnent maintenant de façon satisfaisante. »

J'ai été aussi surpris que vous l'avez été vous-même d'apprendre que les communications télégraphiques avaient été arrêtées, vu que je n'avais rien

____

(3) Voir nᵒˢ 654, 680 et 686.
(4) Cf. Livre Bleu anglais nᵒ 132.

appris d'Angleterre pouvant justifier la croyance que l'arrêt était dû à des mesures du Gouvernement. En fait, durant ces jours derniers, je n'ai rien reçu que des formules rédigées en vue de la conservation de la paix (que j'ai lues rapidement à Zimmermann ce matin) et en faveur de la continuation des *discussions* entre la Russie et l'*Autriche*. Hélas! les jours semblent passés pour ces excellentes *formules!*

Bien sincèrement à vous,
W. E. GOSCHEN.

Ces formules sont destinées à jeter de la poudre aux yeux des gens pour avoir l'air de faire quelque chose. Si Grey voulait réellement conserver la paix, il n'avait, comme l'a suggéré le Prince Henri le 29 juillet, qu'à intimer aux deux alliés — la France et la Russie — l'ordre de ne pas mobiliser, mais d'attendre jusqu'à ce que les pourparlers que je dirigeais eussent réussi ou non entre Vienne et la Russie.

G.

N° 721

Note du comte Montgelas, Conseiller référendaire au Ministère des Affaires Etrangères, pour le Secrétaire d'Etat des Affaires Etrangères (1).

Berlin, le 3 août 1914 (2).

Le commandement supérieur des Marches m'a informé que, vu les violations de frontières authentiquement prouvées, il était obligé de prendre à l'égard de l'ambassade de France et des Français les mêmes mesures que celles qui ont été déjà prises à l'égard de l'ambassade de Russie et des Russes.

MONTGELAS.

---

(1) D'après le déchiffrement.

(2) Timbre d'enregistrement à l'entrée du Ministère des Affaires Etrangères : 3 août matin. Là, l'annotation marginale de Jagow du 3 août : « Quelles sont ces mesures ? Nous ne sommes pas encore en état de guerre. Les diplomates sont donc encore accrédités. »

N° 722
L'Ambassadeur de France
au Secrétaire d'Etat des Affaires Etrangères (1).

Berlin, le 3 août 1914 (2).

L'Ambassadeur de France a l'honneur de faire savoir à Son Excellence Monsieur le Secrétaire d'Etat des Affaires Etrangères qu'il a reçu du Gouvernement de la République les informations suivantes :

« Les autorités administratives et militaires françaises de la région de l'Est ont signalé hier au Gouvernement de la République plusieurs violations de la frontière française commises par les troupes allemandes.

« L'un de ces faits s'est produit à Delle (3) dans la région de Belfort ; à deux reprises, le poste de douane français stationné dans cette localité a été l'objet d'une fusillade de la part d'un détachement de soldats allemands. Au Nord de Delle, deux patrouilles allemandes du 5ᵉ chasseurs à cheval ont franchi la frontière dans la matinée du 2 août et pénétré jusqu'aux villages de Joncherey et Baron à plus de dix kilomètres de la frontière. L'officier qui commandait la première a brûlé la cervelle à un soldat français. Les cavaliers allemands ont emmené des chevaux que le maire français de Suarce était en train de réunir et ont forcé les habitants de la commune à conduire les dits chevaux. »

L'Ambassadeur de la République, d'ordre de son Gouvernement, proteste formellement auprès du Gouvernement Impérial contre ces faits qui constituent une violation caractérisée de la frontière française par des troupes allemandes

---

(1) D'après une expédition non signée. Comparer Livre Jaune français n° 139 du 2 août.

(2) Timbre d'enregistrement à l'entrée du Ministère des Affaires Etrangères : 3 août matin. En marge annotation de la main du Chancelier de l'Empire : « Le général de Moltke m'a assuré personnellement que jusqu'à ce matin 10 heures aucun soldat allemand n'avait pénétré sur le territoire français Je vous prie de faire faire une enquête à ce sujet par l'Etat-Major général. v. B. H. 3. 8. »

(3) Voir n° 705.

en armes et que rien ne justifie. Il est chargé de déclarer à Son Excellence Monsieur le Secrétaire d'Etat des Affaires Etrangères, que le Gouvernement de la République ne peut que laisser au Gouvernement Impérial l'entière responsabilité de ces actes (4-5).

(4) Voir n° 716 qui peut-être doit être classé postérieurement au n° 722. Voir en outre n° 869.

(5) Reproduction littérale de l'original en français. (Note du Traducteur).

N° 723

L'Ambassade d'Autriche-Hongrie au Ministère des Affaires Etrangères (1).

Berlin, le 3 août 1914 (2).

Le comte Szapary télégraphie de Pétersbourg le 31 juillet :

La situation est devenue encore moins claire. En l'absence de MM. Sasonow et Neratow (au Conseil de la Couronne à Peterhof) le prince Troubetzkoï a déclaré à l'ambassadeur d'Italie que la situation était modifiée, vu que nous avions bombardé la ville oüverte de Belgrade, et cela le jour même où nous avions fait entrevoir l'application des stipulations de La Haye qui interdisent cet acte. Le même argument a déjà été employé vis-à-vis de moi par M. Sasonow, lorsqu'il a reçu la nouvelle du bombardement de Belgrade.

De ce que l'ambassadeur d'Italie m'a déclaré au sujet de ses entretiens avec M. Sasonow avant et après le Conseil de la Couronne, je conclus que la délibération d'aujourd'hui à Peterhof n'a pas défini plus clairement la situation et que l'attitude de la Russie reste indécise.

Aujourd'hui calme complet autour de l'ambassade. Les

(1) D'après une expédition non signée.

(2) Remis par le baron Haymerle au Ministère des Affaires Etrangères le 3 août. Timbre d'enregistrement à l'entrée : 3 août.

démonstrations ont cessé. Le correspondant du « Russkoie Slowo » organe en contact étroit avec le Ministère des Affaires Etrangères, s'est rendu à l'ambassade et a demandé si le bruit d'un ultimatum austro-hongrois au sujet de la mobilisation russe était confirmé. Cela serait irréparable.

Dans la bourgeoisie on remarque la crainte des conséquences économiques de la guerre.

Au Conseil des Ministres, Sasonow et Kriwoschein (semblent être opposés à la guerre, ainsi que le Ministre du Commerce. Outre les militaires, le Président du Conseil des Ministres Goremykin et le Ministre de l'Intérieur se déclarent pour la guerre.

Jusqu'ici il ne transpire rien d'une « Note explicative » (3) au sujet de la mobilisation russe.

Télégramme du comte Szapary du 1er août :

Le Ministre russe, en réponse à des ouvertures de l'ambassadeur d'Allemagne, a répondu que l'arrêt de la mobilisation était impossible, mais que le Tsar avait donné une promesse formelle et qu'il n'y avait néanmoins aucune raison de s'inquiéter (!!).

---

(3) « Note explicative », en français dans le texte (Note du Traducteur).

N° 724
La Légation de Danemark
au Ministère des Affaires Etrangères (1).

Berlin, le 2 août 1914 (2).

Note.

La légation royale de Danemark a l'honneur, conformé-

---

(1) D'après l'expédition non signée.

(2) La date est dans l'original au-dessous du texte. Timbre d'enregistrement à l'entrée du Ministère des Affaires Etrangères : 3 août Annotation marginale de la main de Radowitz du 3 août : « Remis par le comte Moltke à l'appui de sa communication téléphonique d'hier. Est connu des départements militaires. »

ment aux instructions qu'elle a reçues (3) de faire part au Ministère impérial des.Affaires Etrangères que le Gouvernement royal danois, en tenant compte des informations parvenues à sa connaissance le 1er de ce mois, qui signalaient que des préparatifs de guerre considérables étaient en cours en Allemagne, s'est décidé à la convocation des forces de sécurité.

Ces forces comprennent en tout 18.000 hommes pour compléter l'effectif de paix.

Les hommes convoqués sont répartis entre les différentes garnisons du pays.

------

(3) Voir n° 6r6.

N° 725

Le Secrétaire d'Etat des Affaires Etrangères aux Ambassadeurs à Londres et à Rome (1).

Télégrammes 217, 169.

Berlin, le 3 août 1914 (2).

Toutes les nouvelles d'hier au sujet des violations de frontière commises par les Français se confirment et se multiplient.

Par contre, les nouvelles françaises d'après lesquelles les troupes allemandes auraient franchi la frontière française sont de pure invention. Hier dans les cols des Vosges, à l'ouest de Colmar, des détachements français ont franchi notre frontière. Les Français ont tiré les premiers. Des bombes ont été jetées par des avions sur le Pont de l'Empereur à Mayence. On a observé dans bien des cas des avions français (3).

JAGOW.

------

(1) D'après la minute de la main de Jagow.
(2) 10 h. 15 matin à l'Office central télégraphique.
(3) Voir n°s 689, 705, 713, 716, 717.

Nº 726

**L'Ambassadeur à Constantinople
au Ministère des Affaires Etrangères (1).**

Télégramme 408.

Therapia, le 2 août 1914 (2-3).

Traité d'alliance signé aujourd'hui après-midi quatre heures. Texte suit (4).

WANGENHEIM.

---

(1) D'après le déchiffrement.

(2) Remis à Therapia le 2 août 6 h. 2 après-midi, parvenu au Ministère des Affaires Etrangères 3 août 11 h. 31 matin. Timbre d'enregistrement à l'entrée : 3 août après-midi. Communiqué le 3 août à l'Etat-Major général, au Ministère de la Guerre, à l'Etat-Major de la Marine et au Ministère de la Marine.

(3) Ce télégramme a été adressé à la suite d'un autre télégramme plus long qui n'est parvenu que plus tard 5 h. 56 après-midi au Ministère des Affaires Etrangères, et où l'on discutait diverses possibilités d'une intervention militaire de la Turquie.

(4) Voir nᵒˢ 733, 751 et 775.

Nº 727

**Le Ministre à La Haye
au Ministère des Affaires Etrangères**

Télégramme 29.

La Haye, le 3 août 1914 (2).

L'embouchure du Wahal est barrée par des mines. Rapport en route.

MÜLLER.

---

(1) D'après le déchiffrement.

(2) Remis à La Haye 9 h. 40 matin, parvenu au Ministère des Affaires Etrangères 11 h. 51 matin. Timbre d'enregistrement à l'entrée : 3 août après midi. Communiqué le 3 août à l'Etat Major général, au Ministère de la Guerre, à l'Etat-Major de la Marine (en double) et au Ministère de la Marine.

N° 728

Le Chancelier de l'Empire au Ministre à Sofia (1).

Télégramme 47.

Berlin, le 3 août 1914 (2-3).

Votre Excellence est autorisée à négocier en conséquence. Je vous prie, avant la conclusion de l'accord, de me télégraphier les obligations actives, notamment au point de vue militaire, que la Bulgarie se propose d'assumer (4).

BETHMANN HOLLWEG.

---

(1) D'après la minute. Projet de la main de Zimmermann.
(2) 11 h. 55 matin à l'Office central télégraphique.
(3) Voir n° 697.
(4) Voir n° 857.

N° 729

Le Chancelier de l'Empire
au Chargé d'affaires à Bucarest

Télégramme 71.

Urgent. Berlin, le 3 août 1914 (2).

Des négociations offrant des perspectives de succès sont en cours avec la Bulgarie au sujet d'une accession à l'alliance. Je vous prie d'en informer immédiatement le Roi, et de lui demander si une obligation conventionnelle de la Bulgarie de renoncer à la Dobroudja tant que la Roumanie marchera avec la Triple Alliance lui suffit, et si la Roumanie marchera alors avec nous contre la Russie. La plus grande urgence s'impose (4).

BETHMANN HOLLWEG.

---

(1) D'après la minute. Projet de la main de Jagow.
(2) 12 h. 5 après-midi à l'Office central télégraphique.
(3) Voir n° 697.
(4) Voir n° 868.

N° 730

Le Ministre d'Etat du Luxembourg Président du Gouvernement au Chancelier de l'Empire et au Secrétaire d'Etat des Affaires Etrangères (1).

Télégramme (sans numéro).

Luxembourg, le 3 août 1914 (2).

Je vous remercie du télégramme (3) que vous m'avez transmis hier au sujet de l'occupation du Luxembourg par les troupes allemandes. En ce moment, on distribue dans la ville de Luxembourg une proclamation du général Tulff von Tscheepe, commandant le 8ᵉ corps d'armée, ainsi conçue :

« Après que la France, ne respectant pas la neutralité du Luxémbourg, ainsi qu'il est incontestablement établi, a ouvert du territoire luxembourgeois des hostilités contre l'Allemagne, Sa Majesté a donné l'ordre de faire entrer les troupes allemandes en Luxembourg. »

Ceci repose sur une erreur. Il ne se trouve sur le territoire luxembourgeois absolument aucun militaire français, et il n'existe aucun signe de menace de violation de la neutralité de la part de la France. Au contraire, le 1ᵉʳ août, samedi soir, des rails de chemin de fer ont été arrachés

Des aviateurs ont survolé le Luxembourg pour venir chez nous. Survoler un État neutre dans un but de guerre est une violation de la neutralité.

---

(1) D'après une copie.

(2) Les deux télégrammes identiques ont été remis à Luxembourg 10 h. 14 matin Reçus à l'Office central télégraphique de Berlin 11 h. 38 matin. Le télégramme à Jagow est parvenu 12 h. 5 après-midi au Ministère. Timbre d'enregistrement à l'entrée : 3 août après-midi. La copie a été soumise à l'Empereur, remise par lui le 3 août à l'Etat-Major général, et rendue par celui-ci le 4 au Ministère. Le télégramme d'Eyschen a été communiqué le 3 août à l'Etat-Major général, au Ministère de la Guerre, à l'Etat-Major de la Marine et au Ministère de la Marine.

(3) Voir n° 649.

sur le territoire français à Mont saine (4)
Martin-Longwy. Cela prouve qu'on n'avait
pas à ce moment l'intention d'envahir
le Luxembourg par chemin de fer.

Le Président du Conseil des Ministres
du Gouvernement.

Eyschen.

(4) *Sic* dans le déchiffrement pour « Saint ».

N° 731

L'Ambassadeur à Londres
au Ministère des Affaires Etrangères (1).

Télégramme 230.   Londres, le 3 août 1914 (2).

L'invasion de la France sans guerre a produit ici une
impression très grave et a fortement offensé le sentiment du
droit des Anglais.

Je vous prie de me fournir immédiatement des explications pour que je puisse les utiliser (3).

Les journaux du matin condamnent cette façon de procéder et nous désignent comme les véritables perturbateurs
de la paix.

Lichnowsky.

(1) D'après le déchiffrement.
. (2) Remis à Londres 9 h. 37 matin, parvenu au Ministère des Affaires
Etrangères 12 h. 25 après-midi. Timbre d'enregistrement à l'entrée : 3 août
après-midi.
(3) Voir n°s 742 et 744.

N° 732

L'Ambassadeur à Londres
au Ministère des Affaires Etrangères (1).

Télégramme 229.

·Londres, le 3 août 1914 (2).

Les journaux annoncent la saisie de vapeurs anglais dans

(1) D'après le déchiffrement.
(2) Remis à Londres 9 h. 21 matin, parvenu au Ministère des Affaires

le canal Empereur-Guillaume, ainsi que des mouvements de la flotte allemande vers l'ouest.

Je vous prie instamment de me fournir des explications pour pouvoir faire insérer des rectifications (3).

L'opinion publique ici prend parti contre nous depuis hier d'une façon décidée.

LICHNOWSKY.

Etrangères 12 h. 25 après-midi. Timbre d'enregistrement à l'entrée : 3 août après-midi. Communiqué le 3 août à l'Etat-Major général, au Ministère de la Guerre, à l'Etat-Major de la Marine et au Ministère de la Marine.

(3) Voir n⁰ 747.

N⁰ 733
L'Ambassadeur à Constantinople
au Ministère des Affaires Etrangères (1).

Télégramme 409.

Therapia, le 2 août 1914 (2-3).

Texte du traité d'alliance.

Formule.

Constantinople, le 2 août 1914.

1⁰ Les deux Puissances contractantes s'engagent d'observer une stricte neutralité en face du conflit actuel entre l'Autriche-Hongrie et la Serbie.

2⁰ Dans le cas où la Russie interviendrait par des mesures militaires actives et créerait par là pour l'Allemagne le *casus foederis* vis-à-vis de l'Autriche-Hongrie, ce *casus foederis* entrerait également en vigueur pour la Turquie.

3⁰ En cas de guerre, l'Allemagne laissera sa mission militaire à la disposition de la Turquie.

(1) D'après le déchiffrement.

(2) Remis à Therapia 2 août 8 h. 30 soir, parvenu au Ministère des Affaires Etrangères 3 août 12 h. 45 après-midi. Timbre d'enregistrement à l'entrée : 3 août après-midi. *Non* communiqué à l'Etat-Major général, au Ministère de la Guerre, à l'Etat-Major de la Marine ni au Ministère de la Marine.

(3) Voir n⁰ 726 et en outre n⁰ˢ 751 et 775.

Celle-ci, de son côté, assure à la dite mission militaire une influence effective sur la conduite générale de l'armée, conformément à ce qui a été convenu directement entre Son Excellence le Ministre de la Guerre et Son Excellence le Chef de la mission militaire. .

4° L'Allemagne s'engage, au besoin par les armes... (4) le territoire ottoman au cas où il serait menacé.

5° Cet accord qui a été conclu en vue de garantir les deux Empires des complications internationales qui pourraient résulter du conflit actuel, entre en vigueur dès sa signature par les plénipotentiaires susmentionnés et restera valable, avec les obligations mutuelles analogues, jusqu'au 31 décembre 1918.

6° Au cas où il ne sera pas dénoncé par l'une des hautes Parties contractantes six mois avant l'expiration du délai ci-haut fixé. ce traité continuera à être en vigueur pour une nouvelle période de cinq ans.

7° Le présent acte sera ratifié par Sa Majesté l'Empereur d'Allemagne, Roi de Prusse et Sa Majesté l'Empereur des Ottomans, et les ratifications seront échangées dans le délai d'un mois à partir de la date de la signature.

8° Le présent accord restera secret et ne pourra être rendu public qu'à la suite d'un accord conclu entre les deux hautes parties contractantes.

En foi de quoi, etc.

Baron v. WANGENHEIM   SAID HALIM (5).

N° 3 : Les Turcs désiraient ce texte, en tenant compte du fait que Sa Majesté le Sultan est le commandant en chef de l'armée turque. Le général Liman m'a toutefois informé officiellement auparavant qu'il avait rédigé avec le Ministre de la Guerre Enver une convention détaillée qui garantit la *direction de fait* de l'armée par la mission militaire, ainsi qu'on le demandait dans le télégramme n° 275 (6).

---

(4) Un groupe de chiffres manque.
(5) Reproduction littérale de l'original en français (Note du Traducteur).
(6) Voir n° 320.

N° 7 : Le Grand Vizir désire la ratification expresse du traité par les deux Souverains, afin que la Turquie reste obligée sans réserve. même au cas où il serait renversé. Je vous prie en conséquence de vouloir bien m'envoyer le plus tôt possible un plein pouvoir séparé donné par Sa Majesté.

Je conserve l'original du traité jusqu'au prochain courrier de cabinet.

WANGENHEIM.

N° 734

**Le Chancelier de l'Empire
à l'Ambassadeur à Paris (1).**

Télégramme 193.

Urgent.   Berlin, le 3 août 1914 (2).

Les troupes allemandes avaient reçu jusqu'ici l'ordre de respecter rigoureusement la frontière française, et elles l'avaient toujours strictement observé. Par contre, en dépit de l'assurance de la zone de 10 kilomètres, les troupes françaises ont franchi déjà hier la frontière allemande à Montreux-Vieux et sur la route de montagne des Vosges, et se trouvent encore sur le territoire allemand (3). Un aviateur français qui avait survolé le territoire belge a déjà été descendu hier, alors qu'il cherchait à détruire le chemin de fer à Wesel. Plusieurs autres avions français ont, ainsi qu'il est établi sans aucun doute, survolé hier la région de l'Eifel.

---

(1) D'après la minute. Projet de la main de Jagow avec des modifications de la main de Zimmermann.

(2) 1 h. 5 après-midi à l'Office central télégraphique. Le télégramme est arrivé mutilé à Paris. Le 6 août, l'ambassadeur à Paris a remis au Chancelier de l'Empire une copie du déchiffrement mutilé (Voir n° 734a) et une copie de la communication qu'il avait remise au Gouvernement français. (Voir n° 734b). A ces copies est annexée une lettre d'envoi de Schœn. Timbre d'enregistrement à l'entrée du Ministère des Affaires Etrangères : 6 août après-midi ; là annotation de Jagow : « Il me semble nécessaire de la communiquer à la presse et de publier *notre* texte de déclaration de guerre. » Le 7 août après midi la déclaration reproduite sous le n° 734c a été transmise au bureau télégraphique Wolff.

(3) Voir n°s 716, 725 et en outre 739.

Ces mêmes avions doivent avoir survolé le territoire belge.
Hier des aviateurs français ont jeté des bombes sur les voies,
à Karlsruhe et à Nuremberg.

La France nous a ainsi placés en état de guerre. Je prie
Votre Excellence de faire part de ce qui précède au Gouvernement français aujourd'hui après-midi 6 heures du soir,
de réclamer vos passeports, (4) et de partir après remise
des affaires à l'ambassade américaine (5).

BETHMANN HOLLWEG.

(4) Voir n° 664.

(5) « La France nous a... après remise des affaires à l'ambassade
américaine » a été ajouté de la main de Zimmermann à la place de la
phrase primitivement écrite par Jagow : « Nous devons, en conséquence,
constater la violation de la paix par la France et l'entrée en état de guerre,
ainsi que la violation de la neutralité de la Belgique par la France et
protester contre ces faits. »

N° 734a

Texte mutilé

de la déclaration de guerre à la France (1-2).

Télégramme 193. Berlin, le 3 août 1914.

Deutsche Erwehrungen hatten Brennerei kel italienischer
Botschafter. Wir würden Grenze strengstens respektiert und
avisiert Juli strikt befolgen. Dagegen haben trotz körperlich
10 Ihnen Zone französisch aneinander schon Elena bei alt mü
ansehen erol und Hypothek Gebirge Strasse, Ubereinkunft
iu ge sen ante Howard ultramontan und angesichts noch auf
relativ Gebiet. Französische Flieger der Belgien Gebiet
traité begründet kurz zu warten wurde bei Versuch Bassora
bei Wesel zu zerstören. Schon gestern herab mp. Mehrere
andere französische kts Nowoje Wremja sind gestern über
Eifel-Gebiet Zuzug frei festgestellt. Auch diese müssen Belgien Gebiet Renouard begründet haben. Gestern warf fran-

(1) Voir n° 734, note 2.
(2) Texte intraduisible (Note du Traducteur).

zösischer Flieger Bombe auf Bahn bei Karlsruhe und Nürn-
berg. Frankreich hat Krieg sonach Saragossa Kriegszustand
versetzt. Bitte Abbröcklung Acker heute nachmittag 6 Uhr
dortiger Regierung mitteilen, Ihre Pässe fordern und nach
Ubergabe der Geschäfte an amerikanischen Botschafter
abreisen.

Bethmann Hollweg.

N° 734b

Texte de la déclaration de guerre remis à Paris (1).

Paris, le 3 août 1914.

Monsieur le Président du Conseil,

Les autorités admistratives et militaires allemandes ont
constaté un certain nombre d'actes d'hostilité caractérisée
commis sur territoire allemand par des aviateurs militaires
français. Plusieurs de ces derniers ont manifestement violé la
neutralité de la Belgique en survolant le territoire de ce pays.
L'un a essayé de détruire des constructions près de Wesel,
d'autres ont été aperçus sur la région de l'Eifel, un autre a
jeté des bombes sur le chemin de fer près de Karlsruhe et
de Nuremberg.

Je suis chargé et j'ai l'honneur de faire connaître à Votre
Excellence qu'en présence de ces agressions l'Empire Allemand se considère en état de guerre avec la France du fait
de cette dernière puissance.

J'ai en même temps l'honneur de porter à la connaissance
de Votre Excellence que les autorités allemandes retien-
dront les navires marchands français se trouvant dans des
ports allemands, mais qu'elles les relâcheront si dans les
48 heures la réciprocité complète est assurée.

Ma mission diplomatique ayant ainsi pris fin, il ne me
reste qu'à prier Votre Excellence de vouloir bien me munir
de mes passeports et de prendre les mesures qu'Elle jugerait
utiles pour assurer mon retour en Allemagne avec le per-

---

(1) Voir n° 734, note 2.

sonnel de l'Ambassade ainsi qu'avec le personnel de la Légation de Bavière et du Consulat Général d'Allemagne à Paris.

Veuillez agréer, M. le Président du Conseil, l'expression de ma très haute considération (2).

v. Schœn.

Son Excellence Monsieur Viviani, Président du Conseil, Ministre des Affaires Etrangères (3).

______

(2) Cf. Livre Jaune français, n⁰ 147.
(3) Reproduction littérale de l'original en français. (Note du Traducteur).

N⁰ 734c

Publication de la déclaration de guerre à la France par l'agence Wolff (1).

Le télégramme de M. le Chancelier de l'Empire à l'ambassadeur impérial à Paris, du 3 août 1 h. 5 après-midi, par lequel le baron de Schœn a reçu pour instructions, à la suite de l'invasion par les troupes françaises du territoire allemand, de déclarer au Gouvernement français que l'Allemagne se voyait placée en état de guerre par suite des attaques françaises, est arrivé à Paris probablement intentionnellement mutilé, de sorte que sur beaucoup de points il est resté inintelligible. Toutefois l'ambassadeur impérial, appréciant justement la situation, a remis une déclaration, qui répond sur les points essentiels, aux instructions dont il était chargé. Ces instructions étaient ainsi conçues :

« Télégramme de M. le Chancelier de l'Empire à l'ambassadeur impérial à Paris. Berlin, le 3 août 1 h. 5 de l'après-midi.

« Les troupes allemandes... après remise des affaires à l'ambassade américaine (2) ».

______

(1) Voir n⁰ 734, note 2.
(2) Insérer ici le n⁰ 734.

FIN DU TOME III

______

Paris. — Imprimerie G. Picquoin, 53, Rue de Lille

Ancienne Librairie SCHLEICHER — Alfred COSTES, Editeur
PARIS — 8, rue Monsieur-le-Prince, 8 — PARIS

KAUTSKY (K.), Secrétaire d'Etat adjoint des Affaires Etrangères d'Allemagne, lors de la Révolution du 9 novembre 1918. — **Comment s'est déclenchée la guerre mondiale.** Traduit de l'allemand par Victor Dave. 16ᵉ mille. 1 vol. in-8 . . . . **10** fr.

LEFÈVRE (A.). — **Germains et Slaves, origines et croyances.** 1 vol. in-18 avec 15 figures dans le texte et un atlas de 32 cartes dressées par Albert Lacroix. . . . . **4** fr. **90**

GRAND-CARTERET (John). — **Une victoire sans guerre.** Documents et images pour servir à l'histoire du différend franco-allemand relatif au Maroc (Agadir 1911). 1 vol. in-8° avec 97 figures. . . . . . . **4** fr. **90**

DELTUF (Paul). — **Essai sur les œuvres et la doctrine de Machiavel,** avec la traduction littérale du *Prince* et de quelques fragments historiques et littéraires. 1 vol. in-8° . . . . **12** fr.

BULWER (Sir H. Lytton), ancien ambassadeur. — **Essai sur Talleyrand.** Traduit de l'anglais par Georges Perrot. 1 vol. in-8°. . . **15** fr.

FRIEDLAENDER (L.), professeur à l'Université de Kœnigsberg. — **Mœurs romaines du règne d'Auguste à la fin des Antonins.** Trad. sur la deuxième édition allemande avec des considérations générales et des remarques, par Ch. Vogel. 4 volumes in-8°. Chaque volume. **18** fr.
   Tome I. — La ville et la cour, les trois ordres, la société et les femmes.
   Tome II. — Les spectacles et les voyages des Romains.
   Tome III. — Le luxe et les beaux-arts.
   Tome IV. — Les belles-lettres, la situation religieuse et l'état de la philosophie.
   Le tome III ne se vend pas séparément.

MOREAU-DE JONNES (A.), membre de l'Institut. — **État économique et social de la France depuis Henri IV jusqu'à Louis XIV** (1589-1715). 1 vol. in-8° . . . . **10** fr.

MOHL (Jules), membre de l'Institut, professeur au Collège de France. — **Vingt-sept ans d'histoire des études orientales.** 2 vol. in-8° **20** fr,

LABORDE (Dʳ J.-V.), membre de l'Académie de Médecine, professeur à l'Ecole d'anthropologie. — **Léon Gambetta.** Biographie psychologique (le cerveau, la parole, la fonction et l'organe). Histoire authentique de la maladie et de la mort. 1 vol. in-8° avec 10 gravures dont 5 hors-texte . . . . **7** fr. **50**

SCHLIEMANN (Henri). — **Thyrinthe. Le palais préhistorique des rois de Thyrinthe.** Résultat des dernières fouilles. 1 vol. grand in-8° avec 1 carte, 4 plans, 24 planches en chromolithographie et 188 gravures sur bois, cartonné . . . . **24** fr.

SOURY (Jules). — **Études historiques sur les religions, les arts, la civilisation de l'Asie antérieure et de la Grèce.** 1 volume in-8° . . . . **10** fr.

SURAN (Théodore), agrégé de l'Université, professeur au Lycée d'Avignon. — **Les esprits directeurs de la pensée française,** du moyen âge à la Révolution. 1 vol. in-16 avec portraits. . . . . **4** fr. **90**

ROBIQUET (Paul). — **Histoire municipale de Paris** depuis les origines jusqu'à l'avènement d'Henri III, 1 vol. in-8° broché. . . . . **12** fr.
   Relié . . . . **15** fr.

CHAMPION (Edme). — **Esprit de la Révolution française.** 1 vol. in-12 . . . . **4** fr. **90**